馔
工厂

How to Raise
Perfectly
Imperfect Kids

陪伴式成长
不完美小孩养成记

［美］丽莎·苏格曼　［美］黛布拉·福克斯·詹森伯格　著　刘璇　译

中国友谊出版公司

图书在版编目（CIP）数据

陪伴式成长：不完美小孩养成记／（美）丽莎·苏格曼著；（美）黛布拉·福克斯·詹森伯格著；刘璇译. —— 北京：中国友谊出版公司，2024.7
ISBN 978-7-5057-5871-1

Ⅰ. ①陪… Ⅱ. ①丽… ②黛… ③刘… Ⅲ. ①家庭教育 Ⅳ. ①G78

中国国家版本馆CIP数据核字(2024)第095665号

著作权合同登记号 图字：01-2023-0565

How to Raise Perfectly Imperfect Kids and be Ok With it—Real Tips&Strategies for Parents of Today's Gen Z Kids©2019 Lisa Sugarman. Original English language edition published by Familius 1254 Commerce Way, Sanger, CA, 93657, United States. All rights reserved.

书名	陪伴式成长：不完美小孩养成记
作者	[美]丽莎·苏格曼　[美]黛布拉·福克斯·詹森伯格
译者	刘璇
出版	中国友谊出版公司
发行	中国友谊出版公司
经销	新华书店
印刷	天津丰富彩艺印刷有限公司
规格	880毫米×1230毫米　32开
	8.75印张　200千字
版次	2024年7月第1版
印次	2024年7月第1次印刷
书号	ISBN 978-7-5057-5871-1
定价	48.00元
地址	北京市朝阳区西坝河南里17号楼
邮编	100028
电话	(010) 64678009

如发现图书质量问题，可联系调换。质量投诉电话：(010) 59799930-601

献给我的甜心戴夫、莱利还有莉比，
谢谢你们多年来包容我，我对你们的爱至真至诚。
——丽莎·苏格曼

献给沃利、杰克、本和亚当，
有了你们，我才能微笑着迎接清晨，开心地度过每日，
满足地享受夜晚。
——黛布拉·福克斯·詹森伯格

目录

前言　　1

引言　　5

第 1 章　积极能量是家长的"秘密武器"　　001

> 对于孩子给我们惹来的事端，我们无法掌控，但我们一定可以掌控自己对此的反应。让积极的心态发挥主导作用，一切就会不同。

第 2 章　不要陷入比较的陷阱　　017

> 我们的孩子做不到在同一年龄学会骑自行车，但他们最终都能学会。

第 3 章　孩子的情商比智商更重要　　033

> 书读得好的孩子固然优秀，但情商高的孩子才能在生活中更胜一筹。

第 4 章　教会孩子承担责任　　　　　045

　　　　如果我们未能让孩子为自己努力,那么自立之时他们就不知如何掌握自己的命运。

第 5 章　轻松适应说"不"　　　　　059

　　　　对孩子说"不"的感觉并不好,但有时让孩子听到这个字眼非常必要。

第 6 章　给孩子自由时间缓解压力,
　　　　释放天性　　　　　　　　　073

　　　　允许孩子每天看电视、打游戏,释放天性……让他们适当释放情绪。

第 7 章　不要担心让孩子承担后果　　083

　　　　孩子需要界限,你要坚守原则。

第 8 章　学会放手　　　　　　　　　097

　　　　你不必完全断绝孩子的依赖,但你可以适当偷懒,从而帮助孩子成长。

第 9 章　停止拿自己的孩子与他人比较　　　113

　　　　　　学校是个神奇的场所，但是与各种比较相伴而生的可能是有害影响，所以应对此有所警觉！

第 10 章　接送孩子要迅速，
　　　　　就像撕掉创口贴　　　　　　　　127

　　　　　　在你徘徊逗留时，孩子也会流连不去，最终没有人能够离开。

第 11 章　鼓励孩子朝新的领域拓展　　　　139

　　　　　　不要担心孩子有更多的社交活动……
　　　　　　你们永远都是他们的爸爸妈妈。

第 12 章　教会孩子友善待人　　　　　　　153

　　　　　　没有人希望自己的孩子成为"问题"儿童。

第 13 章　孩子最终会走出双重人格阶段　　167

　　　　　　孩子最终会成为成熟的人，不管他们最初是何种状态。因此，你要有坚定的信心。

第 14 章　冲突不可避免，学会用
　　　　　平静的态度对待　　　　　　　181

　　　　　　冲突事件发生时，你越是镇定自若、头脑冷静，大家就越有安全感。

第 15 章　培养孩子健康的风趣诙谐意识　　197

　　　　　　良好的幽默感所具有的潜在优势超乎你的想象。

第 16 章　网络是大众生活的一部分，
　　　　　还是习惯为好　　　　　　　　209

　　　　　　我们必须让孩子知道网络科技的应用有其时机与场合。

第 17 章　提醒孩子他们不可能拥有一切　　223

　　　　　孩子越早学会分享越好。

第 18 章　只需说到做到，
　　　　　他们最终会付诸行动　　239

　　　　　最后，孩子确实学会了听取我们的意见，而我们
　　　　　也学会了倾听。

后记　　253

致谢　　255

前言

在过去20多年的时间里，作为一个拥有两个女儿的妈妈，我大部分时间都在围着孩子转。我在小学从教十年有余。20多年来，我一直在了解影响孩子以及家长喜恶背后的原因。家长千方百计地想要凌驾于自己的孩子之上，在不切实际的期望下，孩子濒于崩溃。我还看到，由于家长过于担心自己孩子的表现与成绩，孩子的叛逆与反抗也反作用在家长的身上。于是，焦虑迷茫的家长以及不堪重负的孩子便形成了不健康的亲子关系。

其结果是，需要专家诊疗的孩子的数量创下历史纪录，他们需要接受医学治疗才能控制方方面面的状况，其中包括焦虑、抑郁、社交恐惧症以及无端的恐惧症。《2016年儿童心理研究所的儿童心理健康报告》的数据显示，不满18岁的年轻人中，有1710万人被诊断出或曾经被诊断出精神疾病，而这一数字还在持续增长。如果你也是一位家长，这些统计数据会令你触目惊心。

我将近半生的时间都在观察我身边的孩子及其家长，看到孩子们在没能成为自己理想的样子时，在无法考入首选的常春藤盟校时，情绪濒临崩溃。我要告诉大家，这一感觉痛彻心扉，因为这些孩子受不了一点点不尽完美的地方，他们的家长也是如此。

我想大家肯定也已经注意到，"直升机"式父母①、"推土机"式父母②以及"割草机"式父母③随处可见，具有强烈竞争意识的父母事无巨细地管控着自己的孩子，孩子没有机会释放天性。我敢打赌，无须再三思量，大家就可以快速列举出自己认识的众多家长，他们的孩子完全称不上完美。这些家长把孩子的日程安排得满满当当，于是自己的每日、每时、每刻也被各种活动填满。你可能尚未意识到，就连你自己也可能是其中的一员。

我为全国多家杂志栏目撰稿，著有《生活的真相》(《*LIFE: It Is What It Is*》)一书，该书被《波士顿环球报》评为当地畅销书。我倾注10年的心血来告诉人们生活是件不断完善的作品，世上本无人完美无缺，我们也不应有这样的痴心妄想，对孩子亦是如此。平复紧张的情绪，放手让孩子们释放天性，这是今天的家长最需要的提示。如果这意味着孩子在成长的路上会犯一些错误，我们不妨顺其自然。

在我看来，不妨任由孩子跌跌撞撞。这样做可能会让大多

---

① "直升机"式父母是指某些"望子成龙""望女成凤"心切的父母，他们就像直升机一样盘旋在孩子的上空，时时刻刻监控孩子的一举一动。
② "推土机"式父母是指那些过分保护子女并替子女清除一切障碍的父母。
③ "割草机"式父母是指这样一类父母，他们为了孩子的"健康成长"，随时赶在孩子前面，像割草机清除杂草一样，帮助孩子清除前进道路上的一切障碍。

数父母难以接受，他们仿佛已经忘记，尝试犯错，从中领悟，继续前行，这是我们能够教会孩子的重要技能之一。有太多的父母担心，如果任由孩子跌跌撞撞，跌倒后他们不能靠自己的力量站起来。

我撰写这本书就是要向家长传授由实践验证过的经验和策略，建议他们愉悦地接纳自己育儿过程中不尽如人意的地方。这本育儿书，致力于帮助父母适度放手，让孩子们尝试犯错，从犯错和纠错中学习、成长。

我与丈夫戴夫携手25年有余，从发现验孕检测报告上有个红色的小加号，到送小女儿离家上大学，我们经历了为人父母各个阶段的洗礼。现在我们依然未被击倒，并且会一直屹立不倒。这一切教会了我一点：生活从来不是直行线，养育子女的经历尤为如此，一帆风顺只是我们在初始阶段的想象。相反，养育子女之路崎岖不平，泥泞难行，随时都会遇到想象不到的难题，但这依然是一段风景优美的旅程。我们只需接受一点：我们不会成为尽善尽美的父母，我们的孩子也不会成为完美无缺的孩子。我们也不应有这样的妄念。我们不必为完美而焦虑，我们可以给予孩子接受失败、继续前行的方法。在帮助孩子发掘自身真正的潜力这一点上，我们的能力超乎想象。

这本书将教会家长险中求胜的方法，助家长顺利穿越为人父母的激流险滩，在竞争白热化的当今社会，帮家长规避养育子女的常见问题。作为家庭顾问，我会分享身为人母的切身经历——面对的问题以及取得的成就，以便帮助大家理解一点：

家长撒手放权，允许孩子自主行事是育儿佳策。我们给予孩子最宝贵的礼物，就是让他们拥有自主的能力。

我们越早理解这一点，我们的生活就会越幸福。

丽莎·苏格曼

引言

如何培养完美的孩子？

说实话，很遗憾，你不可能做到。

然而，世界各地的家长仍在尝试把自己的孩子培养得比同龄人更聪明、更敏捷、更成功，以及更讨人喜爱。他们把孩子培养成人，是为了证明在他们的字典里不存在失败，却不知道自己的行为可能会把孩子推向一败涂地的境地。

我有两个女儿业已成人，我深知成为家长后，从零开始绝不轻松。但这正是为人父母的真相——要经受得住最为严峻的考验。在某个寒冷的周日清晨，你以为自己终于可以美美地安睡在温暖的梦乡，可事与愿违，在你还没反应过来时，那个小人儿在清晨五点就跳上你的床，扒开你的眼皮，想要吃煎饼。于是你"开动马达"，直到12到18个小时之后，你和孩子能量耗尽才去休息。

与此同时，养育子女颠覆了我们生活的方方面面，也让我们踏上了最精彩也最具挑战性的旅程——一段我们大多数人都会经历的旅程。如果有某类导航地图能为我们指引正确的方向，确保我们不会偏离航线过远，那么寻径辟路就会更为便利。

或许你未曾留意，多数地图只能展示一维空间里的现实世界。这些地图无法提供给我们所需的避险求生的实地状况。那些隐蔽的细节告诉我们颠簸路段的位置以及如何绕行，而这些事情只有本地通才知道。没错，现在我就是那个本地通，本书就是全新的生存指南，当你意料不及走到岔路口，有偏离路线之险时，这本书会帮助你保持冷静。

我绘就了这张"路线图"，帮助你保持既定路线不偏离，让你远眺前方的道路，从而避开育儿路上的重重陷阱。

本书从孩子的社交情感培养到认知发展，各方面的内容均有涉猎，其间的主要成长里程碑事件及应对策略本书均会讲解。我把这些内容分解成数个简短有力的锦囊妙计，以便家长应对现实中的问题，帮助家长发掘培养孩子过程中的妙趣。

这本书汇集了很多实证策略，这些实证策略我自己都运用过，或者观察其他家长使用过。它们有助于降低家长在全力处理养育子女的各种难题时的压力。

本书的另一位作者黛布拉·福克斯·詹森伯格是一位社会工作硕士（MSW），一位执业独立临床社会工作者（LICSW），波士顿新起点咨询服务公司的创始人及总裁。她身为人妻，育有3个男孩，是经验丰富的家庭问题诊疗师，已经从业25年。她从临床角度分析养育子女过程中的问题，弥补了我站在母亲视角的局限与不足。全书各章均插入了她的专业解读，她给家长们献上了一个百宝箱，里面装满了各种攻略、建议及交流方式。

当你看到每章结尾处或者章内零星分布的沙发图标时，不妨找个舒服的姿势坐下来，仿佛你和黛布拉一起置身于诊疗室，她正从临床视角为你提供专业指导。

孩子荷尔蒙分泌旺盛，常常意气用事，为此，陷入困境的家长比比皆是。在儿女将你逼至崩溃的边缘时，请拿起这本书；在你质疑自己的家长角色，需要找人倾诉时，请打开这本书；在你需要一位经历过你眼前困境的密友，帮你摆脱负面影响时，请阅读这本书。本书定会为你排忧解难，防止你跌落悬崖，避免危险。

不管你是有孕待产的准父母，还是经验丰富的父母，都不该把培养完美的孩子设为目标。相反，我们应该把孩子培养成适应能力强的人，不管生活给予他们什么，他们都能从容优雅、毫不退缩地应对，且富有幽默感。

朋友们，让我们勇往直前吧！

丽莎·苏格曼

第1章

积极能量是家长的"秘密武器"

> 对于孩子给我们惹来的事端,我们无法掌控,但我们一定可以掌控自己对此的反应。让积极的心态发挥主导作用,一切就会不同。

为人父母绝非易事。我从未试过为其裹上一层糖衣，因为抚养子女的实际情况就是如此。在整本书中，我反反复复强调的一点就是，在养育子女的过程中，家长的心态非常重要。为此，本书各章的主题聚焦于善用积极的能量，让其成为我们为人父母征途上的助力。选择幸福是一种能力，随着我们开启漫长美妙的养育子女之旅，它会成为我们的最佳利器。

想象一下，我们的心态仿如一件巨型气泡服，将我们与孩子的世界隔离开来，保护我们免受与孩子相处时可能遭受的无意伤害。虽然这件气泡服有助于缓解家长在情感上遭受的痛苦，却无法规避我们周遭发生的事情。我们可以成功掌控的就是自己的心态。积极的心态是家长最宝贵的一笔财富，是家长可以自觉进行的选择。当我们践行身为家长的幸福之道，并指导孩子也这样做时，他们最终也能自发地选择这样做。

鉴于孩子们不会一出生就积极追求正能量，我们要在日常生活中言传身教，不断强化。在反复的实践中，我们影响了自己的孩子，让他们学会举止得体，养成良好的学习习惯，理解平和心态的含义等，这些只有通过自我塑造方能实现，我们要以身作则。

我们要向孩子们解释幸福是一种选择，或许这是我们能够做到的最重要的一点。我的意思是说，幸福是一种生活技能，是我们在家庭生活中最初学习的一种技能。教会孩子这项技能，然后帮助他们磨炼这项技能，是我们作为家长要努力承担的责任。我们务必牢记这一点。幸运的是，实现这一点的方法有很多，亲身示范是众多选项中的首选。因此，在和他人交往时我们应该格外注意自己的言行，这些言行会在孩子的心灵中烙下印记。如果孩子听到我们在生活中鼓励、赞赏他人，他们一定也会这样做。

> 因为我们相互影响，所以懂得经营家庭非常重要。

让孩子知道我们也会犯错，借由无人可以完美无缺这一现实，让孩子知道犯错是不可避免的。如此，出现问题时他们就不容易逃避或者受到精神创伤。相反，他们会从错误中吸取教训，并学会正视问题。如果让我们为孩子许下一个愿望，我想大多数家长会希望自己的孩子幸福快乐地成长。事实上，我们的最终目标就是造就健康幸福的孩子，使他们成长为积极阳光、知足常乐的人，接受我们传授给他们的认知，并赋予自己独特的色彩，将来在自己的家庭中继续传承。

我想为家长提供类似"野外生存指南"那样的资源，谈论养育子女不尽如人意的地方，提供给家长实用的技巧，给予他们相应策略，鼓励他们树立信心，从而顺利穿越杂草丛生之地，构建幸福美满的家庭。

最重要的是，我想提醒家长一点，在养育子女的过程中会出现偏差，这没什么大不了。事实上，这也在我们的预料之中。

将孩子塑造成怎样的人，教会他们感知世界以及与世界沟通是一项重大工程，这是我们的家庭普遍要面临的问题。所以我们务必确保孩子知晓，他们的所言所行通常是这两种方式中的一种：要么积极阳光，要么消极低落。而且这一认知越早确立越好。同样是手中拿了半杯水，他们认为手中的杯子是装了半杯水，还是空了半杯，看待此问题的方式取决于他们自身，他们学习看待事物的方式则受父母影响。

我们都是原生家庭的产物，我们的孩子也是如此。如果我们渴望培养适应能力强的孩子，那么我们必须在家中为他们营造相应的环境。我们自己必须做到积极阳光、身体力行。我们不能一边抱怨自己的工作，一边却期待孩子心甘情愿、心情愉悦地坐下来做家庭作业。

付诸行动

我们的终极目标就是培养幸福快乐、受人喜爱、积极向上的孩子。那么，要实现这一目标，就要爱护他们，指引他们。

第1章 积极能量是家长的"秘密武器"

我们要以身作则,传授给他们在日常生活中选择幸福的技能,阐明学习这项重要技能的意义。因为,如果孩子们看到我们给予身边人鼓励、支持和赞赏,就会受我们的影响也依样效仿。

我深信,幸福具有强大的向下影响力,家庭成员之间更是如此。幸福始于家庭的"高层",也就是家长,一路延伸到孩子身上。为此,我们应尽早着手,为孩子营造幸福的氛围,这一点至关重要。因为在大多数事情上,尤其是积极健康的事情,孩子们倾向于效仿我们。比如,我的女儿们如果没有说"我爱你",就不会挂断电话。这是她们从父母身上习得的行为,因为我和戴夫之间一直是这样,我们和孩子们通话也是如此,现在这一行为也就成为她传递亲密情感的一部分。

就我自己的童年而言,我的母亲在40岁时猝然丧偶,带着10岁的我艰辛生活。命途多舛,身处那样的境遇,一个女人或许会压抑沮丧、以泪洗面甚至精神崩溃,即使这样,也没有人会指责她。母亲愤怒失望抑或不胜悲哀的情绪也很容易感染子女。但是我的母亲却做出了不同的选择。虽蒙受重创,但她仍保持着积极阳光的心态,奋力向前。不过,她并不掩饰自己的悲痛。她深信自己有能力克服困难,毅然全身心投入新的生活,让我们继续生活在积极阳光的环境中。她会时不时哼个曲子,手舞足蹈一番,诸如此类的小动作到现在还常会出现。她常常会亲吻和拥抱我,与我依偎而眠,向我传递爱意。她努力寻找每件事积极的一面。她要我务必知晓,即使生活曾让她悲痛欲绝,但如果我们坦然面对,无尽的欢乐与美好就会使生活回到平衡状态。

　　母亲是幸福生活的榜样，我拥有积极阳光的心态多半受她影响，我培养的孩子之所以拥有良好心态，也受她影响。我观察到，孩子们每天进入学校时，如果他们的身上表现出幸福与知足，往往是因为他们的家中有倡导幸福知足的家长。在学校或者家庭中，他们经常如此。积极乐观的孩子，大多是家中有人引导他们塑造同样的世界观，同他们一起日复一日地践行。当我们日复一日践行，让孩子和自己都处于幸福的状态时，家长的正确引导将发挥巨大影响（下文还会详述）。生活中不会时时刻刻都能幸运地看到彩虹与独角兽。大多数状况下，我们越是刻意选择积极的心态，它就越有可能成为一种心态的默认模式。

　　诚然，我们每个人都有情绪低落、伤心难过的时候，但如果这样的低落心情成为常态，我们就会出现问题。我的女儿莱利有个朋友，她的母亲常常对我说自己女儿的闲话。每次那个母亲说出伤人的话，她的女儿就会遭受一次打击。结果是，那个女孩年龄越大，她就越容易打击自己的朋友。不出意外，她会成为原生家庭的教育缩影。

　　相反，我认识几位母亲，她们总是努力使用积极的语言，指出自己孩子存在的问题。这样的家长明白孩子不是天生就懂得如何在各种情况下自我管理，他们需要教育。这样的家长温柔地指出孩子的错误之处，并告知孩子下次如何改进自己的行为，借此给孩子改正错误的机会。如果她们的孩子言行不得体，她们不会当众吵嚷或严厉指责，而是会从关爱的角度出发，与孩子进行交谈，这样孩子非但没有受到家长的指责与批评，还能与家长心平气和、认真地坐下来交谈。

如果我们没有感受到幸福，就不可能教会孩子感受幸福。孩子感受幸福的范例中，能发挥强大示范效应的就是父母。因此，如果我们所呈现的并不是幸福与知足，那么我们的孩子就难以学会依靠自己达到这一状态。如果我们不断发牢骚、对别人评头论足，那么孩子也可能沾染那样的恶习。反过来说，如果我们表现得积极、耐心、宽容，我们的孩子也会如此。因此，我们必须审视自身的行为。我们必须控制自己的情绪，留意自己的态度，因为我们的孩子正依样仿效。

> 家长必须先深入了解自己行为背后的含义，再开始下一步行动。

实践方能日臻完美

如前文所述，如何获得幸福是一种技能，与诸如数数、写字和驾驶等所有的技能一样，都需要学习。不可否认，掌握这些技能需要花费时间，付出耐心和精力。当孩子在学习骑行却无法控制自行车平衡时，我们常常从后面抓牢自行车的后座，同样，我们也必须培养孩子获得幸福的能力。为了实现这一目标，我们应传授给他们一些方法，比如正向归因、学会感恩，在寻常事物中发掘价值与乐趣。最终，当他们学会依靠自己获得幸福时，我们就该及时放手，让他们按照学习到的方式生活。

当这一切未实现时，我们需要培养孩子正向思维的习惯，做到这一点就要让孩子相信，只有端正心态，问题才可能得到解决。我们要鼓励他们在所有的境遇中都要看到积极的方面。在遇到棘手问题时，他们的内在能量会帮助他们排除万难，突破重围。

我的母亲在失去我父亲时便是如此，仅仅过了6个月，她就理智地决定重返大学攻读学士学位。我还记得她告诉我，她18岁起就一直渴望重返校园。我母亲高中时就已辍学务工，挣钱补贴家用，她一直遗憾自己未获得学士学位。她说这件事可能要投入时间和精力，可能会让她感到特别不适，这一决定需要全方位审慎协调，但最终会令生活变得更加美好。她说这件事在她的舒适区之外，不过她必须去争取。她的确做到了。在这一过程中，她教会我一件事，那就是认真对待，坚持不懈则无往而不利。

当我们的孩子在学习新事物，如棘手的数学问题时，也要这么做。我们要提醒他们学习无法一蹴而就，掌握技能需要时间与耐心。我们要帮助他们遏制自我否定的想法，帮助他们用正能量取代那些负面情绪。我们要鼓励他们，不管做何事都要虚心学习、持之以恒，并全力以赴。我们要努力提升他们的洞察力，鼓励他们为了目标努力奋斗。在此过程中可能会跌倒，也可能会遭遇失败，但取得成功的唯一方式就是重新爬起来，继续奋斗。

学习需要投入时间进行实践。不管做什么事，都要鼓励孩子坚持不懈。

🛋 就付诸行动而言，知道何时止步并非易事。

当孩子在生活中遭到他人的挑衅时，意味着有人招惹了他、激怒了他，我们必须使孩子认识到，他们无法控制周围人的言行，这不在他们掌控的范围内。但他们可以掌控自己对身边发生的事做出的反应。他们可以选择生气、发怒，痛斥并回击，做出将来自己可能后悔的事；他们也可以做出决定，退后一步，振作起来，抽身离开或者向他人求助。我们要不断提醒孩子，自我管理的方式始终是自己的选择。

🛋 在当下，学会包容以及解决分歧至关重要。

我们的孩子并不完美，这一点大家心知肚明。和父母一样，孩子也会犯错误。但我们可以让孩子明白，犯错也是磨练他们的主动性的机会。我们务必让孩子明白一点：**犯错是学习的大好时机**，他们可以选择下次表现得更好。这句话听起来没什么新意，但犯错就是学习的新时机。

选择幸福

我再三强调，态度会对人生产生重要影响。在这一观点的影响下，我的孩子长大成人。生活中，只有极少数东西我们能完全掌控，态度是其中的一件。态度是我们有能力选择的，不取决于任何人。当我们的孩子年幼时，我们要不断强化这一观念。让他们自己选择自己的生活方式，是使自己的生活过得一团糟，还是让自己在任何境遇下都能幸福地生活。因此，我们一有机会，就可以强化这一理念。

当我们每天去上班时，要么积极接纳从事的工作，要么消极压抑，成为一个无感情的工作机器。这是我们做出的选择。我们的选择对孩子来说意义深远。

孩子们可能因准备离开公园而心生不悦，也可能因为能在公园尽情玩乐而开心不已。他们会为准备上床睡觉而沮丧，也可能因我们给他们读睡前故事而欢呼雀跃。向他们展示事物积极的一面就是我们的职责，这一点由于他们年纪尚小，自己可能还没办法理解。但他们最终会明白，**选择积极阳光就像拥有超级能量，犹如手持盾牌，能阻隔很多消极的事物。我们抚养孩子的重要任务之一，就是教会孩子如何获取这种能量。**

最终，随着时间推移，我们的孩子提升了自主意识，明白了他们往往能选择幸福。求学、交友、运动，在任何境遇下都可以感受幸福；明白了如果他们有意识地选择幸福，专注于某种境遇中积极的一面，他们就不会轻易被困难左右。

我了解自己的女儿，我会时常提醒她们，保持积极心态，生活才会更轻松。每一次我的孩子从学校回到家中情绪不佳时，或与朋友发生争执，或考试失利时，我都会提醒她们，她们有能力挣脱挫折的束缚。我一直在传授细微处的幸福课程，鼓励她们牢记要选择幸福，保持积极的心态。她们可以选择向自己的朋友说出心事，下一次换用不同的学习策略，从而转变自己的心态。我提醒她们，通过练习，当再次发生令人受挫的事情时，才有可能更轻松地保持积极心态。

过去我常常向女儿们解释，人会因某事而悲伤、沮丧、受挫，只要他们能转变态度，这些情绪就没什么大不了。执着于消极事物会导致一个结果，那就是产生更多消极的情绪，这就像推倒了多米诺骨牌。当孩子闹脾气时，消极情绪总是不可避免地渗透到家中各个角落。当父母责骂他人，责骂的连锁效应会随之产生。在父母还未意识到时，消极心态就在家中引起震荡，所有人都会心情不佳。

因此，大多数情况下，幸福的父母培养出幸福的孩子，不幸福的父母培养出不幸福的孩子。

目前可以肯定的是，就预先决定我们的身心特征而言，遗传基因占据了很大的比重，但我对此还是深有感触，我们是原生家庭的教育缩影。如果一个孩子生活在问题重重的家庭，这个孩子自身出现问题的概率就会很高。反之，一个孩子生活在充满幸福关爱的家庭，他成长为一个能很好地适应环境、幸福快乐的人的概率也会很高。这样的设定合乎逻辑，我相信这一设定，这也是我亲眼所见这一设定的两种不同的发展方向。

父母是孩子观察、模仿的对象，因此，以身示范的引领之责便落在我们身上，鼓励乐观、懂得感恩以及使用积极言语等行为以确保家庭的良好氛围是我们的职责。这也是帮助孩子们学会言行一致的途径，需要我们全身心投入、以身作则、持之以恒。因此，我们必须专注于践行那些阳光、积极的行为，持续强化这一点。

> 请记住……
> 幸福的孩子更能积极向上
> 幸福的孩子学习效率更高
> 幸福的孩子表达能力更强
> 幸福的孩子交际能力更强
> 幸福的孩子生活会更充实
> 幸福的孩子自主能力更强

我们一定要记住，生活中聚合了各种各样的情绪，确保我们的孩子做好准备迎接外面世界的更好方式，就是尽可能让他们亲身去体验。这意味着他们会经历云端和低谷，要让我们的孩子知道如何应对各种情况，最好的方式就是在我们力所能及的范围内让他们体验各种各样的情感。我们不能把他们与周围的生活隔离开。我们的孩子品尝过生活中的酸甜苦辣后，才能学会如何游刃有余地应对生活。

颇具讽刺意味的是，我们迫切希望将孩子培养得幸福快乐，却不得不让他们接受这一现实：生活不可能总是一帆风顺，生活的每个阶段都交织着失意和沮丧。不过，正是这些失意和沮丧给了我们经验与教训。

生活，包括养育子女的生活并非直行道，这是简单质朴、不加修饰的真理。当我们用积极的心态武装自己，在任何境遇下我们总能找到抵达彼岸的路。

如果你已经将积极乐观的心态传递给孩子，那么你就能在晚上安然入眠。

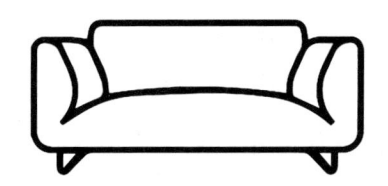

黛布拉·福克斯·詹森伯格心理诊疗室的建议

基于我们会相互影响这一事实，理解自己的家庭如何运行至关重要。

快乐知足是生活的精妙之处，因为这是通往幸福的情感密码。我们必须记住，要通过言语或非言语的沟通方式交流我们的情感，我们务必以身作则。如果我们总是低头搜寻蚂蚁，而不是抬头仰望星空，这种习惯会传染给他人。如果想看到自己的孩子幸福美满，我们务必做好示范。"不要气馁"还有"舒展眉头"，这些都是鼓励孩子向幸福进发的积极语言。要留心自己的身体语言以及面部表情传递的信息。

锦囊妙计：需要注意一点，每个人对幸福的认知不尽相同。你要尽可能做到，不要认为你的孩子不快乐，也不要误解孩子的情绪。我们务必知晓，孩子们和成年人内心的感受是一样的，为了取悦他人，或者驱散内心的不良情绪，孩子们会在他人观察自己时伪装自己。

◇ 教授与情感有关的词汇，配以面部表情图示或者直接在镜中做出与该情感匹配的表情，让交流更顺畅。
◇ 提出这样的问题："你感觉怎样？""告诉我这个笑容的含义。""如果眼泪能说话，会说些什么呢？"
◇ 设计一些活泼有趣的家庭活动，营造轻松快乐的氛围。如每周五下午组织舞会，为年幼的孩子举办可以交流的茶会，为年长的孩子举行曲棍球或台球比赛，在充满欢声笑语的氛围中结束一天。

锦囊妙计：召开家庭会议，讨论每个人如何理解自己的情绪与行为，让每个家庭成员阐释自己对家庭其他成员的感受，描述他人的情绪与行为对自己可能产生的影响。可以考虑在这一过程中寻求家庭治疗师的帮助，这样做的价值不可估量。

锦囊妙计：所有人都要回答一个问题："你的需求是什么？"这种方式有助于理解和应对家庭成员的情感及需求。有时我们认为自己知道他人的需求，便不假思索地行事，但是我们想象的他人需求与他人真实的需求很可能截然不同。与其这样，不如行动前先去问问他人的需求是什么。

父母在决定下一步行动之前，应该先挖掘孩子行为背后的深意。

锦囊妙计：对我们来说，养育子女成功的关键就是正确审视自己作为父母这一角色。家长的角色定位便是支持和引领孩子完成难行之事。年幼的孩子学习如何应对挑战非常有必要。随着孩子年龄增长，在他们提升自我管理的技能时，家长就要加以引领。

锦囊妙计：提醒自己即使失败也没关系，纠正失败等于一无是处的错误思想。虽然失败可能令人沮丧，但面对失败的态度才是至关重要的。积极了解孩子可以通过何种方式奋发进取，或者失败对于他们有何意义，会有哪些宝贵的收获。

◇ 失败成为宝贵经验的方式之一就是获得实践经验。
◇ 失败有助于塑造孩子的能力，能让他们在取得成就之时保持谦卑之心，怀有进取之心。
◇ 教导孩子不要太在意他人的想法。

在当今世界，学习包容差异非常重要。

锦囊妙计：如果观点不同、方法存在差异、对某人或某事的看法各有不同，那么我们必须让孩子学会包容。停一停，想一想，再行动，用这样的方式包容差异。鼓励孩子停下来进行观察，学会聆听，思考自己经历的一切，然后分享自己的感受和观点。这一阶段，你的目标就是营造能让孩子敞开心扉以及进行反思的空间，从而让孩子学会包容差异。

锦囊妙计：悦纳一切，包括愤怒、悲伤、挫败等情绪，此时我们要帮助孩子，而不是阻碍这一成长过程。

第 2 章

不要陷入比较的陷阱

> 我们的孩子做不到在同一年龄学会骑自行车,但他们最终都能学会。

很多家长会拿自己的孩子和他人进行林林总总的比较，对比他们的兄弟姐妹，对比身边的其他孩子，孩子到了求学年龄后更是这样。我们会有意识或无意识地参照他们的兄弟姐妹和其他孩子去考量他们，有时我们会不由自主地这样做。我们很想知道其他孩子是如何成长，是如何适应环境以及走向成熟的，我们想要确保自己的孩子与别的孩子保持同步，甚至更优秀。在某种程度上，我们还有一点点的好胜心。

现在的家长高度关注一点，即确保自己的孩子方方面面都要优秀。知道何时撤身收手，让孩子按照自己的节奏成长，何时推他们一把，这件事颇为棘手，令很多家长难以理清头绪，因为没有人想看到自己的孩子被周围的人超越。结果，家长对自己的孩子实施精细管理，不管孩子是否拼尽全力，为了让孩子压倒同龄人，对孩子施压过大。学校内外有太多可供参考的标准，许多家长忽略了孩子所处的发展阶段，反而倾向于考量孩子是否达到他们自认为应该达到的标准。

有多少次你会问自己："我的孩子为何还不能阅读？史密

斯家的孩子怎么已经能阅读了？""为何我的女儿还不会骑两轮车？""我的儿子怎么不能投球入一垒？""为何我的孩子个子没有同班其他孩子高？"我理解这种想法，因为我曾经就是那样的妈妈，我也经历过这个阶段，我很难不那样想。宣称自己不会有这种想法是骗人的，但我们绝对不应该做这样的父母，不能因为孩子不像其他人那样速度快、反应敏捷、身体强壮，就当面对自己的孩子大声吵嚷。

> 无论如何都要避免拿孩子和他们的兄弟姐妹作比较。相互比较会使孩子的自卑感或优越感与日俱增，这种情况非常危险。

一旦我们让自己的孩子与其他孩子同在一个群体中，与生俱来的比较倾向便开始作祟。如果你现在正在这样做，也一定不要太过紧张、担忧，只要及时补救并不再犯同样的错误就可以了。

有关子女的社交、情感或学业问题，要和自己的伴侣私下商谈，避免伤及孩子的自尊心。处处留意，与孩子的发展保持同步，避免当着孩子的面对他们评头论足，否则就是在向孩子清楚地传递一个信息，即按照自以为舒服的节奏发展是不对的。随后，你把他们直接设为自负的靶子，这就意味着他们未能达到你的期望值。

显然，我们都希望自己的孩子做到最好。我们希望他们茁壮成长，取得成功，但他们不打算遵照别人的节奏行事，只会在自己做好准备时才出手。强行推进只能让我们与孩子相互厌憎。参照其他孩子的成长节奏不符合实际，还会开启极坏的先例，这正是我们必须接纳孩子现有状态的原因所在。**我们必须让他们感受到父母的支持与耐心，因为他们知道自己拥有这些，就会努力绽放。**如果他们认为自己得不到父母的支持，就会气馁。当他们开始过于关注自己周边的人所做之事时，强烈的自卑感通常会扰乱原本的理智与心绪。

不要成为这样的家长

因为未加入大学代表队，未能荣登荣誉榜，未获得年度最佳球员奖，家长便否定自己的孩子，在教育体系工作多年的我看到这类家长不在少数。这真是糟糕透顶！一年级的小孩曾向我倾诉，自己的父亲喜欢哥哥胜过自己，因为哥哥可以将球击得更远。除此之外，我还了解很多兄弟姐妹之间的公开竞争，我家孩子的朋友大多也是这样。这些家长毫不掩饰这一事实，他们期望年幼的孩子和其姐姐参加同样的运动项目，达到同样的水平。因此，随着孩子对自身的表现产生焦虑，兄弟姐妹之间就会产生竞争，从长远来看这会破坏他们之间的和谐关系。

我的女儿年纪尚小时，有一天，我在公园偶遇一位父亲，他曾是大学橄榄球队的队员。他的儿子在橄榄球联赛中表现得不尽如人意，这让他感到极不舒服。他说自己女儿的表现可能更好些，他无法自控地要进行比较、联想。而我所顾念的是生活在阴影之下的可怜的孩子。还有一个坐在我身旁的母亲，在自己的女儿练体操做翻滚动作时，她会埋怨女儿无法完成侧手翻，她让女儿在其他小姑娘面前无所适从。每次那个小女孩做翻滚动作时，她都会大加指责。我们想象一下，她的女儿会有何感受？难怪那次课后，那个小姑娘就停止了所有体操训练课程。

以其他同龄孩子为参照去评估自己的孩子，这种方式可以帮助我们掌握自己孩子正在经历的该年龄段的情况，对于我们而言有所帮助。不过，如果从观察演变为批评、比较，这种方式弊端甚多。我观察到多位父亲大声斥责儿子，只因他扑球、接球力度不够；我听到过多位母亲贬损女儿，只因她未能扑出一记进球。每次我看到这样的场景，都会感到难过，因为这会挫败孩子的积极性和自信心，长此以往有百弊而无一利。

我的丈夫在20多个赛季中担任足球教练。自2012年以来我在全国各地进行辅导。在此期间我看到，我们共同辅导的孩子因为进球得分不高，发挥失常而受到家长责骂。每次我们面对这种情况时，都做不到习以为常。我们必须帮助自己和子女，不能太沉溺于在成长曲线图中每个当下所处的位置，因为最终他们都会达到自己应有的水平，只不过节奏快慢略有不同，但靠恐吓、暴力肯定会适得其反。

的确，有太多家长过于在意自己孩子的表现是否超过他的同龄人，而忽略了孩子是否真的幸福。许多家长争强好胜，将孩子视为自己的影子。如果他们做过篮球队长，就希望孩子也打篮球，而且要打得更好。因此，当孩子表现欠佳时，他们会觉得这就是自己的一次失败的灌篮，认为作为家长也很失败。

父母必须意识到这一点，孩子们感受得到我们的支持和忽视。正因为如此，**我们要在孩子展现自己时给予赞赏，在他们表现得软弱时给予帮助。**我们要支持他们投入时间，专注所爱。当我们与他们的选择相左时，我们务必要互相尊重，顺其自然。

> 一定要慎重对待，很多时候比较会使支持变为否定。

让孩子发掘自己的最佳状态

我们需要放松心情。不管我们的孩子能否像亲戚朋友的孩子那样击球，他们都没有问题。如果其他孩子都学会踩水，他们却学不会，他们没有问题；如果上三年级时，我们的孩子还没有代表画作，他们也没有问题。

你听说过大器晚成的人，对吧？我的大女儿莱利就是其中一个，她做得很不错。实际上，她在大学一年级时便名列学校优秀学生荣誉榜。其实，这一切基于一个特殊的原因，在大女儿上学前班时召开的第一次家长会上，老师问我是否考虑让她留级。显然在所谓的"莱利时代"她什么都想做，而且在公认的转型时期,任何事她都没想过要罢手。这发生在4岁孩子的身上也算平常,但重点是她掉队了。

戴夫和我左思右想该怎么解决,担心如果我们不加以干涉,就彻底助长了她进一步下滑的趋势。但最终我们决定不让她在学前班复读。当时,我们认为每个孩子的花期不尽相同,她尚未踏入学校的大门,所以我们不应该过早认定她的水平。朋友,如果我们想要开心,就学会放手让孩子前行,因为孩子最终会发现自己的能力。

还有一点值得一提,直到莱利上八年级,才能画出多个人物。既然她对上艺术学校不感兴趣,我们便没有过分要求她像其他孩子一样会画静物。相反,我们鼓励她专心学习小提琴还有滑雪,最终她未落人后,这才是要点。当我们的孩子开始发现自己的专长时,他们常常动力十足,开始采取行动。自上幼儿园起,莱利就开始踢足球,一直延续到高中。她热爱运动,非常喜欢在戴夫的指导下运动。她喜欢和朋友一起每天驰骋在宽阔的运动场。但是,在成为球员的整个足球生涯中,她从未射入一记进球。但这并没有令她退缩,也没有对她产生任何影响。直到上高中时她决定尝试新事物。她决定参加全国越野长跑。大家可能不知道,大一时那个只能跑1000米且需要花10分钟的孩子,大四时成了全国越野长跑队的队长,离队时跑1000米只需6分钟。

此外,在莱利八年级上至一半时,她的一个喜爱艺术的朋友教她绘制肖像的基础技能。这彻底改变了她,让她的灵感时常不期而至，她骨子里具备的艺术潜质让她在高中最后一学年被引荐为国家艺术荣誉协会会员。这一切谁能预料？更多的证据表明，有时只是时间问题。对孩子而言，尤为如此。

事实就是这样。什么样的孩子只能步他人后尘，什么样的孩子未能调整到自己的最佳状态，有时我们很难加以区分。因为在众多情形下，我们的孩子尚未找到自己的节奏，所以知道何时存在实际问题，何时仅仅是他们不感兴趣，对我们而言是个挑战。出于这个原因，我们要勤于观察，给他们足够的理解与支持。

我们想确保自己的孩子不会在同龄人中掉队，不要堕入窘境，这很正常。有这样的想法不会让我们沦为不称职的家长，我们只需记住，所有的孩子都一样，他们会提升各种技能，速度有快慢，时间有长短。这没什么大不了，不要揠苗助长。

发掘点燃孩子生命的火种，添薪助火

作为父母，一项主要责任就是鼓励孩子追求自己的灵感所在，不必太在意别人做了什么。我们应该鼓励他们走自己的路，时常传递这样的信息：他们可以决定自己的喜好，与此同时，达到自己的最佳状态就已足够。究其原因，作为足球妈妈[①]，我

[①] 指非常重视孩子的休闲活动，亲自开车接送小孩参加运动或活动的母亲。

看到太多可怜的孩子一边在运动场上奔忙,一边抱怨自己有多么讨厌足球。他们真正想要做的是游泳、绘画或者滑雪。但出于某种原因,父母把足球强塞给他们。

> 鼓励孩子追求自己的灵感所在,不必太在意别人做了什么。

大家不要误解,我并非在暗示六七岁的孩子可以驾车上路,凡事都由他们自己做主。孩子就是孩子,在某些时刻也需要轻推他们一把。不过,在某些情况下,我们尽了作为父母的义务,让他们面对陌生的事物,鼓励他们融入其中,如果他们不能热情投入某一领域,我们就应该尊重他们。我们要让他们重视自己向所在的队伍或集体做出的承诺,但在履行承诺后,若依旧无法心生喜爱,他们可以尝试其他活动。在这一过程中,我们应该始终给予支持。

孩子不会一出生就知道自己的爱好,这一点极其重要。他们必须置身其中全力尝试。因此,在他们真正灵光乍现之前,应该体验各种运动项目,尝试各项活动。出于本能,孩子们会将自己与身边的人作比较,这只是彻底解决问题的一个过程。父母要做的就是放平心态,给孩子尝试的机会,借此让孩子看看自己是否适合。因为我们可能认为某事适合孩子,例如,认为一套曲棍球服或者一根曲棍球棒和孩子很搭,而孩子才是真正知道感觉对不对的人。

放松心态

如果孩子的表现达不到同龄人的水平，很多父母会有危机感。我记得有一个女性朋友听说我的女儿莱利在5岁时就能阅读初级读物后，她几乎崩溃了。因为她的女儿比莱利大一些，还不能把文字串联成段阅读，这种情况令她抓狂。因此，她想给女儿测试学习能力，仅仅因为自己的女儿达不到我女儿的阅读水平。在她的女儿面前提及这些问题时，她毫不避讳，由此，她的女儿因为自己不能顺利阅读而深感挫败。

无须多言，我也曾不得不和几位母亲调停一番，阻止她们匆匆下结论，直奔校务部申请特殊教育专席。我提醒她们，如果她们的孩子在某些技能方面略胜一筹，或者略逊一等，这很正常。如果家庭或学校给予恰如其分的培养，大多数孩子都能达到合格水平。此外，上个例子中的那个女孩，她在几年前和我女儿一起完成了高中学业，到一所常春藤盟校继续求学。

不幸的是，众多家长身上存在的问题就是他们认为自己的孩子略逊于人。比如，他们的儿子未能发球得分，画的房子只是轮廓相似，或者他们的女儿呼啦圈不如其他女孩子玩得好，他们因此感到尴尬。如果不断拿自己的孩子和其他孩子作比较，最终不安全感就会一定程度上影响孩子的发展。

事实上，5至8岁的孩子成长很快，紧接着就是初中阶段，再就是高中。不过旧话重提，孩子们不可能在同一时间以同样的速度，开始做同样的事情。每个孩子不尽相同。如果你的孩子荡秋千不如其他孩子荡得高，你也不要折磨自己。

我们的孩子要在特定时间完成特定的事，只有我们释然看待这一观点，我们的孩子才可能以最佳的方式健康发展。他们需要知道，他们按照自己的节奏达到最佳状态，对此我们并无异议。当孩子自由发展，无须背负不切实际的期待时，他们才可能茁壮成长。

父母是孩子的第一任老师，如果父母在孩子尚未做好准备时，就强加给他们不切实际的期望，那便是将孩子置于必败的境地。如果父母拿孩子与身边的人作比较，也许会令孩子形成自卑心理。如果孩子因落于人后而备受苛责，他们的自尊心就会受挫。因此，即使父母通常认为自己知道怎样对孩子最好，也应该适应孩子的节奏。因为在孩子出生那一刻，父母手中并没有一本万能的养育指南，所以把握孩子的节奏或多或少需要经历考验。

请记住，有些孩子可以直接行走，无须学习爬行；有些孩子在幼儿园就能阅读，而有些孩子做不到；有些孩子上一次卫生间就会使用马桶，而有些孩子好几周都会尿裤子。鉴于孩子的领悟能力一开始就受自己的 DNA 影响，所以父母必须停止比较，尝试接纳孩子。接受孩子当下的状况与所处的阶段。不要太过在意身边其他孩子所做的事，要将全部精力聚焦于帮助孩子按照适合自己的节奏进行学习。

可以肯定的是，给予孩子成长所需的空间与自由，他们会因此更尊敬和爱戴自己的父母。如果你把他们像金鱼一样投入

"巨大的玻璃鱼缸",提供足够的成长空间,他们也会像金鱼一样,自在地茁壮成长。想必这才是各位父母所愿。

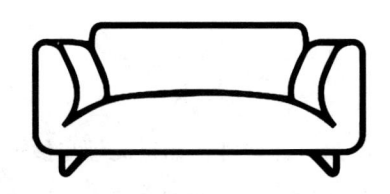

黛布拉·福克斯·詹森伯格心理诊疗室的建议

无论如何都要避免拿孩子和他们的兄弟姐妹作比较。相互比较会使孩子的自卑感或优越感与日俱增,这种情况非常危险。

锦囊妙计:

1. 搞清楚是什么原因导致你将自己的孩子与他人作比较。让自己意识到这种行为正在影响他们的自尊心、自信心以及整体的心理健康状态。

2. 当我们运用某种比较来考量发展中的事件时,该比较有所裨益。但如果家长一直拿孩子与他人作比较,对任何人来说,这种比较大都是有害而无益的。

3. 当父母将几个子女进行比较,孩子会从中学到竞争和攀比。这是不健康的现象,会导致孩子出现逆反心理。

4. 认识比较带来的负面影响。它会挫伤孩子的积极性,抑制尝试的渴望,增加焦虑感,降低自我价值。

5.我们都想让孩子达到最佳状态,这就意味着要先从我们自身以及我们的行为着手。

需要小心,因为比较会使支持变为否定。

你是否还会经常想起,你曾由于渴望得到深爱之人的支持而付诸行动?有的孩子可能会一直这么做,成年后的他们依然会根据"爸爸妈妈有何想法"而做出决定。作为家长,我们希望孩子做出的决定是他们所需,而非我们所愿。回想一下,当你认为深爱的人在挑剔、否定或者拒绝你,那时你有何感受?体内哪些部位会有所触动?你的胃是否难受?你的心跳是否在加速?是否全身如有重负?这些感觉无一不令人难过。谈到支持这个问题,为了推动孩子的情感健康状况沿着积极的方向发展,你能做些什么呢?

锦囊妙计:

1.找到记忆之中获得认同的感觉。当和孩子交流时,我们的言语及非言语行为的影响很大。

2.当孩子发生了你不认可的情况,要避免呵斥指责、丧失信心,甚至实施惩戒。孩子正在成长和学习,他们会犯下错误,判断失误。你要做一个积极的聆听者,不要一上来就陈述你的观点,尝试理解孩子当下的行为动机,倾听孩子的心声,为孩子营造一个可以信赖和倾诉的空间,以便更好地理解孩子的观点。

3.当孩子了解到父母对自己的行为不予支持,感觉受到指责时,他们可能开始焦虑不安。孩子出现这种反应而不进行交流的原因,是他们断定你的反应与指责有关。要彻底改变这一状况,需要给予孩子所需的交流空间,倾听孩子的心声,然后再进行交谈。先就孩子所说的事进行反馈,这样误解大都可以解开,并得以纠正。孩子倾诉结束后,你再发言,说说你的想法,随后让孩子反馈自己的感想。

4.如果你发现自己的言辞可能会伤害孩子,那么,要敢于承认错误并向孩子道歉。道歉可以增进关系,道歉可以修复、弥补伤害性的话语或者不友善的言辞造成的影响,也可以弥补当为之时未进行沟通或者未采取行动而错失的时机。

有时我们并不知道自己的言辞实际上具有怎样的影响力,它可善可恶,还是无关痛痒。

5.孩子们都非常聪明。他们总是在观察聆听,所以能察觉你谈及的是哪些方面,提及的是哪一个孩子。他们所需所盼的就是你的关爱与支持。所以,一定要记住自己有此期盼时的感受,无私地给予孩子关爱和支持是我们的职责。

鼓励孩子寻求自己的灵感所在,不必太在意别人做了什么。

锦囊妙计:

1.父母的期待可能会让孩子走向他们不感兴趣的方向。我们要避免妄加评论,因为这样可能会削弱孩子的兴趣和热情,最终导致他们偏离正途。

2. 学会鼓励孩子,有意识地了解自己孩子的兴趣所在。允许他们按照自己的方式行事。

3. 提醒孩子,从事自己喜爱的事情未必要成为该领域的专家。秉持这样的心态,勇敢追求所爱令人热血澎湃,更有可能取得成功。引导孩子勇于探索各种可能性,让孩子置身于学习的环境,产生多种多样的兴趣。

4. 让事情简单一点。不要把日程安排得过满,不要让孩子一次接触过多内容。放慢脚步,让其循序渐进地享受活动过程。如果体验或者接触这些活动太过匆忙,就可能错失良机。

5. 在追寻孩子兴趣所在的过程中,要保持开放的心态,予以支持,耐心对待。你可能对某件事不感兴趣,但是要给孩子足够的空间去探索自己的道路。

第 3 章

孩子的情商比智商更重要

书读得好的孩子固然优秀,但情商高的孩子才能在生活中更胜一筹。

从孩子出生之日起，我们就开始思考，并列出我们对孩子的期望清单。我们希望他们身体健康、积极阳光，拥有随机应变的社交能力。我们希望他们聪明伶俐、适应性强、心地善良，并且天生就知道如何保持房间整洁。虽然详细地剖析了这份清单，我们却常常遗忘一件事，那就是情商的培养。我们忘记了，其实我们还希望孩子能够承认、评估、掌控自己的情绪，表达自己的情感并了解身边人的情绪。

心理学上有关情商的表述是："有效积极地识别、运用、理解以及管理情绪的能力。高情商有助于我们更好地交流沟通，缓解焦虑，减轻压力，有效地应对挑战。情商影响着我们生活的质量，因为它会影响我们的行为举止以及人际关系。"

智商则是学术界衡量个人推理能力的标准方式。它是将我们与同龄人相比，参照身边众人判定我们智力水平的测试。情商与智商是截然不同的类属。情商关注的是我们与周围世界建立的情感联系，而智商是我们在复杂的能力测试中取得的成绩。

第3章 孩子的情商比智商更重要

对此我有个疑问，虑及整体优势，为什么不培养孩子的情商呢？

事实上，情商与智商都是个人具备的无比珍贵的特性。这种特性可以很大程度上影响孩子的发展，运用不好也会产生恶劣的影响。

我们都曾被教导在学校里要注意力集中，要取得好成绩。这就是我们取得成功的方法。良好的教育会推动我们拥抱美好的未来。在很大程度上，这种说法是正确的。身为人母，我还了解到，与养育孩子有关的关键项还有很多，远超我们的想象。读书事半功倍只是其中之一，而且可能并非是最重要的一项。

在我看来，情商是我们能够形成的优势中最重要却常被忽略的内容。如果孩子们在交谈时不能直视对方，如果他们不具有与他人产生共鸣的能力，如果他们不能成为他人的好友，对孩子而言即使拥有门萨学会[①]会员资质又有何益？有人可能会说这类事情最为紧要。通常来说直到我们自己养育子女，我们才能意识到高情商在生活中究竟有多么重要。

艾琳·加布里埃尔在CNN健康频道的文章中写道："理解情商及其对我们生活的影响。我们觉察、理解并回应自身及他人情绪的能力，是预测我们的健康、幸福、个人及职业成功的

[①] 一般指门萨俱乐部，世界顶级智商俱乐部。1946年成立于英国牛津，因编制高难试题测试智商而广受追捧。

重要因素。"

通过抚养两个女儿，观察她们成长以及她们从小到大与他人的交往，我开始意识到孩子与周围世界沟通联系的重要性。当今，孩子们大多数的交流依靠电子屏幕实现，而很少面对面交流。能洞悉社交线索，具有良好自我表达能力的孩子，才能更好地适应社会。

我看到有些孩子无法控制自己的情绪，并不是因为他们存在行为问题，而是因为他们缺乏健康的感情基础。他们无法和其他孩子建立情感联系，因为他们不理解他人的感受。我看到那些孩子失去一个又一个朋友，他们对别人吹毛求疵、大喊大叫，无法掌控自己的情绪。即使这些孩子在考试中成绩优异，依照学业标准可谓十分优秀，他们却无法理解自己的行为对身边人有何影响。

在理想的世界中，我们都渴望自己的孩子成绩优异，聪明伶俐，社交能力强，富有责任感；但是现实中，没有人能够尽善尽美，没有所谓完美的孩子。有些孩子也许最终会集这些品质于一身，不过要给予他们成长的时间。

源于近20年为人母积累的经验，我可以坦率地说，强调孩子成长过程中的情商培养，强调培养情感全面发展以及具有安全感的孩子，是十分必要的。

当然，智商反映了一个人的原始智力水平，但这完全是建立在一维测试分值的基础上，建立在能够解释处理、掌握书本内容和老师传授内容的基础上。情商是我们理解沟通的基础，可以利用我们的常识应对身边的世界。**情商的妙处在于其可以习得，可以在家中践行。**

我们都听说过《天才小医生》①的故事，主人公就是不受同龄人的经历与学业困扰的孩子，于是他的家长让他跳级，这样他就不会感到无聊。但实际情况是，这样的孩子在某一环节做好了准备，并不意味着在所有重要环节都做好了准备。他们在考试中和年长的孩子并驾齐驱，但不能仅凭这一点就说明他们在情感方面已做好准备可以超前发展了。

我们不得不承认，我们的孩子年纪尚幼，即使我们置身于高度重视学业的文化氛围中，培养智商也并非养育孩子的唯一要务。孩子需要在学业、社交、情感以及身体方面全面协调发展，才能够取得成功。我们不能仅仅对他们强调考试分数。孩子必须知道，生活中对各种能力的要求比考试分数的高低更重要。如果不知道如何与别人沟通，成为班级中最聪明的孩子也没有多大意义。

> 提高情商是在大千世界中取得成功的关键要素。

---

①《天才小医生》是 1989 年首次播放的美国喜剧，主人公天才少年杜奇聪明绝顶，10 岁毕业于普林斯顿大学，14 岁就成为医生。但普通少年的烦恼并没有因为杜奇聪明而减少，他经常挣扎在正常少年的压力和严肃呆板的医学之间，最终个人得以成长。

拥有较高情商水平的孩子具有所谓的态势感知[①]。简单来说，就是他们知道自己身边发生的情况，可以像企业管理者那样适应自己所处的环境。这种与人合作的能力与信心、沟通能力、消解冲突能力、同理心以及共情能力，具有无可估量的价值。因此，情商是生活中的重要技能。

以自身为例，我对于一维空间的内容没有天赋。我是个依赖视觉学习的人，我需要通过图片、亲身实践来学习，这样才能记得牢。我不是天生聪慧的人，我努力学习历史、概念和公式，总是感觉要花费比别人更多的时间才能顺利完成学业。

但是我用功学习，非常努力。勤奋成就了我，让我可以紧跟队伍，不落人后。刻苦勤奋以及有意识地形成有别于同龄人的学习方式，这些就是情商的内容。情商就是我的优势，我尽我所能去发挥其功用。

我早早明白了这一点，即一定要拥有组织技能及内驱动力，才能支撑起我的生活。智商在此并不能发挥多大的作用。

根据心理中心网站的心理学博士约翰·M.格罗赫尔的观点，"智商是一种理论建构，是心理学者在标准化测试中用来描述个人智力水平的参数"。如今，心理学网站阐述了个人情商的定义，"情商是指识别管理个人情绪以及他人情绪的能力"。大致

[①] 态势感知原为军事领域的概念，覆盖感知、理解和预测3个层次，随着网络的发展升级为"网络态势感知"，旨在大规模的网络环境中对能够引起网络态势发生变化的安全要素进行获取、理解、表述以及对最近发展趋势的顺延性预测，进而进行决策与行动。

说来，情商帮助我们建立并维系关系，理解我们自身以及身边的人。在人生蓝图中，这一点意义重大。

因此我建议，家长要全心专注于孩子的"全人教育"①。教育不应该仅仅关注人生某一阶段，因为在学业上取得优异成绩虽然会为孩子未来的生活打开大门，却不能确保这些门户始终开放。我们还必须考虑一点，如果学业压力施加的方式、时机不当，孩子会有怎样的感受和不良反应？多年来在孩子身边工作，我看到影响个人表现的压力往往会对孩子产生深远的影响，例如引发饮食失调、情绪焦虑、睡眠紊乱以及情绪低落等问题。

我遇到过很多语法学校的学生家长，在每个季度还没发放成绩单时，他们的精神已经高度紧张。而这些成绩单甚至只有字母等级！

这些家长关注的内容，并非他们的孩子收到违反班规班纪改进书、同学合作改进书，或者尊重他人改进书。自己的孩子在代数函数测评中得到满分，才是他们注意力的聚焦点。如果下一次的成绩单达不到很好的水平，他们便会用惩罚恐吓孩子。

> 让孩子知道何为高品质的生活非常重要，通过设定可达到的期望值，我们更容易实现这一点。

---

① 美国幼儿教育协会（National Association for the Education of Young Children, NAEYC）强调"全人教育哲学"，美国卡尔·兰塞姆·罗杰斯作为人本主义教学理论的代表人物，指出全人教育即以促进学生认知素质、情感素质全面发展和自我实现为教学目标的教育。

问题在于，将此类压力施加在孩子身上会适得其反。不幸的是，我看到过很多孩子因为担心不能通过拼写测试而内心崩溃。几个孩子向我哭诉，如果他们的数学考试成绩不好，他们的妈妈就会斥责他们。有几个孩子因为胃痛一连数日进入医疗站，实际上这不过是压力过度的表现。其根本原因在于他们的父母认为成绩重于一切，他们往往没有意识到孩子的成长中还有更重要的事情，因此酿成许多错误。

对我而言，当我打开女儿每学期的成绩单时，社交技能和听说部分始终是我关注的重点，这些内容在我看来尤为重要。据此，我的女儿可以和同龄人相处融洽，在社会上游刃有余。

自从我的女儿理解了什么是成绩单，我就告诉她们在学校要全力以赴，不管这份努力能否换得各科成绩为A。因为最终并非所有人都能心想事成。大家学习方法有别，成绩也就有所不同。不过付出的努力不会白费，强烈的工作责任感可以弥补其他方面的短板。

生活中想要取得成功，孩子们就要有良好的人际沟通能力。他们要有思辨能力、应变能力、质疑能力，以及审时度势的能力。他们要能够完成多重任务，管理好时间，接受失败，掌握许多做事方法。

因此，想在现实生活而非考试中取得成功，我们家长应如何教导孩子为此做好准备呢？实际上，我们可以传授给孩子提高情商的方法，比如强烈的自我形象意识，和其他孩子友好相处的能力，等等。如果让孩子认为我们在乎的只有卷面成绩，或者他们是否名列前茅，那么我们就是在传递破坏性的信息，这可能会随着孩子年岁渐长带来灾难性的影响。

> 注重教给孩子建立、维系稳固关系的能力，因为与他人的良好沟通和考高分同样重要。

学生时代，我在各种考试中的成绩总是一塌糊涂，现在的我已经深刻认识到，学习成绩不能作为评价个人能力的唯一标准。除此之外，对个人而言，还有许多其他方面的能力也非常重要，比如，与他人良好沟通的能力、倾听的能力、自我认识的能力，以及如何胜出的能力。仅看学习成绩着实不公平。

毫无疑问，智商很重要，但认真加以剖析，你会发现高智商并不能确保我们过上幸福的生活。高智商无法保证你可以一直备受瞩目，并拥有理想的工作。

事实就是，如果你无法与人建立良好关系，那么你就很难长久保有理想工作。如果没有掌握主流社会所需的人际交往能力，你将无法顺利地与他人协作。一定记住，团队中没有"我"的位置是有原因的。

据卡耐基技术学院的研究表明，一个人能否财运亨通，85%取决于人事管理方面的技能，其中包括性格、沟通技能、谈判技能及领导力，仅有15%取决于专业技术水平。

我们总是强调，孩子的努力最重要。自然，我们要敦促他们刻苦努力，天下没有白吃的午餐，目标设定要尽可能高远，即便如此也不能保证每次都能取得好成绩。有时，我们的孩子成绩平平，但这并不意味着他们失败了，这仅仅意味着他们的特长可能在其他方面。发挥力量，助力他们去发掘优势，这一责任就落在我们的身上。

锦囊妙计：

1.努力营造良好的家庭氛围，对孩子在各方面的优秀表现给予奖励，而不单单看重孩子的学业成绩。你可以对孩子的优秀表现施行标记奖励法[1]。比如，当孩子表现出值得赞赏的行为时，就可以获得一个奖励标记，攒够标记可以获得一次奖励，比如可以看一场电影或者一次水上乐园游玩。在培养孩子情商的同时，营造幸福、温馨的家庭环境。

2.帮助孩子理解自己的情绪，这样他们就不会被情绪左右。借此教育孩子树立自我意识，实践自我约束。要在家庭中营造共处的时间和空间，让孩子进行充分的自我表达，分享当下的感受。"你此刻好像有些情绪低落，发生什么事了吗？"或者，"你猛力踢球，是心情不好吗？可以告诉我原因吗？"提出问题后，你应该做个好听众，让他们自由分享情感。一旦孩子看出你在耐心倾听，那么等到由你进行分享时，提出另一种有益的

---

[1] 标记奖励法又称代币券法，根据操作性条件反射的原理，用奖励的方法强化所期望的行为。"标记"可以采用代用券或筹码，也可用红旗或红星式样的印章符号。

自我管理模式的时机就成熟了。

3. 分享自己观察到的情况。如果他们做错了事，不要急于斥责他们，而要将你对事情的看法与他们沟通，这样他们才可以从中有所收获。随着年龄的增长，他们会拥有安全感，可以放心地分享自己的感情，进行自我表达。

4. 不要凡事都交由孩子处理，太过简单的事情不能激发孩子的动力。他们需要学会全身心投入有难度的任务，获得认可。要帮助孩子树立目标，为实现目标而努力。你可以借助标记奖励法为他们示范。

5. 家长总是在寻觅可能导致自己孩子失眠、焦虑、抑郁的原因，你可曾停下来想一下，原因是否在你自己身上？你的言辞、举止是否有过高的期待？你给予孩子的最好礼物之一就是切合实际的期许。

6. 向孩子的老师及所在学校确认什么才是与孩子年龄相适应的标准、期望值，这样做有助于正确教育孩子。

7. 接纳孩子的不完美。

8. 经过观察发现，家长如果不进行沟通，不能就沟通进行有效示范，让孩子照样模仿，在未来的生活中，孩子就要花费更多的精力去学习这些技能。现在开始行动，你的孩子就能在发展和维系人际关系方面达到较高水平，这会使他终身受益。

9. 家族成员彼此亲密无间有助于孩子学习如何去爱，如何进行有效沟通，如何善待、尊重他人。这些都受到原生家庭的影响，并会延续终生。

第 4 章

教会孩子承担责任

> 如果我们未能让孩子为自己努力,那么自立之时他们就不知如何掌握自己的命运。

"天下没有免费的午餐"，虽然无法确定这一观点最初是谁提出的，但都不妨碍它成为一句至理名言。这句话在生活中得到了很好的印证，在与孩子相关的领域更是如此。

事实上，我们不想让孩子过早承担太多。在大多数人的意识里，他们年龄尚小，缺乏经验、脆弱易伤，如果你也这样想，那就大错特错了。孩子的行事能力往往超出我们的想象，远远早于我们认知的时间。在最初那几年，我们只是出于本能关照、宠溺他们，跟在他们身后收拾残局，所以，我们经常意识不到他们已经做好了准备，开始承担与年龄相应的责任。我们把他们视为无助的小孩，牵着他们的手，让他们远离炉灶，不让他们帮忙整理瓷器餐具。从某些方面来看这没错，但如果给孩子机会，在正确的引导下，他们也能成为真正有用的人。如果没有家务事和日常任务，孩子就只会享受宠爱、享受权利，如此一来，他们的性格可能会变得任性、顽劣。习惯享受权利的孩子会成长为习惯享受权利的成年人，情况会变得更糟糕。

越早越好，从他们牙牙学语时就开始

从我的两个孩子会走路、能说话时起，我就把家务事甩给她们。我想让她们更多地意识到自己是家中的一分子，于是就尽可能让她们多参与日常家务，因此，她们就形成了对养育自己成长的家庭的归属感。众所周知，这是孩子对自身以及原生家庭产生归属感的方式之一。

大概在女儿四五岁时，我会适当分配给她们一些事务，例如，把衣服放入收纳篮，试着自己穿衣。等她们再大一些，我会提高难度，适度布置难度更高、更复杂的任务，比如给宠物喂食、遛狗、整理床铺和洗衣物，相应拓展她们的技能。

通过这种独特的训练方式，我让女儿参与日常家务，因此她们能够早早地形成这种意识。在独自步出家门前，每个人都必须掌握相应的生活技能。在她们年幼时，我便开始着手让她们学习更多东西，比如，如何用适量的食品原料完美烘焙巧克力薄脆，如何妥当清理干燥机过滤器，如何正确折叠床套。这些事务让她们反复练习，坚持数年之久。我们要让孩子从小养成处理这些事务的日常习惯。

> 作为家长，要尽力避免让孩子形成特权意识，或者产生不切实际的期待。

让孩子知晓家长的日常事务，对彼此来说都有很大的帮助。

我们必须向他们阐明，没有任何人的劳动是理所当然的。**让孩子理解家务事是如何完成的最佳方式，就是让他们卷起袖子，埋头苦干。**

在我 10 岁时，我的父亲就教我如何使用割草机，如何给自行车轮胎打气等。我的母亲也一样，她教我烘焙生日蛋糕，适量给花草浇水，等等。学会这些事情使我想学更多，因为我发现知识的力量是强大的。

我还记得自己七八岁在父母亲最喜欢的餐厅用餐时，我请求餐厅女经理给我一份工作。我只想要属于我的螺旋装订笔记本，还有白色半身围裙。我想要接订单、清理餐桌和洗盘子。我愿意清理抽水马桶，只为证明我得到了一份工作。我甚至不是为了挣钱，而只是想确立一个目标。

我父母当时做了什么呢？听到我的请求后，他们私下安排女招待和店主让我在厨房"工作"。女招待把我唤入厨房告诉我有关事务的那个晚上，对我而言是一个至关紧要的时刻。因为当我走入厨房，她和大厨递给我一件白色小半身围裙和一本笔记本时，我终于感受到自己被认真对待。不管怎样，这才是大多数小孩子满心想要得到的，父母给了我支持和鼓励。

他们让我服务顾客，让我摆放盘碟、折叠餐巾、给杯子加冰。然而在我看来，这就像他们把核武器发射密码交付于我。我感觉自己已经长大，基于这个原因，我想要全力将工作做好。他们信任我有能力完成任何工作，这激励了我。它给予我信心，让我相信自己可以做好，鼓舞了我的士气。对于一个孩子来说，这可是一件大事。

当然，孩子时不时会回避畏缩，但这是孩子会有的行为。他们只是不知道，我们要求他们完成的这些看似平凡的琐事，都是为了培养他们的自理能力。诸如丢垃圾、整理床铺以及洗碗碟这些琐事，都是在蕴蓄积累。每天都完成像遛狗以及洗涤、整理衣物这样简单的任务，能让孩子打下人生基础，以后方能为自己以及他人做好更重要、更有影响力的事情。鉴于这是我们抚养孩子的责任，即使他们不想做，也要坚持让他们完成任务。

询问孩子置身事外的原因，借此削弱权力之争。

没什么比学习如何自谋生计更重要的了。如果孩子尚未学会自力更生，那么他们怎么可能学会照顾别人呢？这正是完成琐事至关重要的根由所在。事实上，让孩子完成这些看似乏味的小任务还有一个重要目的：在孩子独立步入外面的世界之前，教会他们自力更生。

家长们，锻炼自己的耐心，调整期望值，适时放手，这是培养孩子自力更生的关键。

全家通力合作，营造团队精神

只有当孩子在家庭中领悟了尽职尽责的益处后，我们才能评定自己的任务完成得不错。在家里做些力所能及的事，是让孩子形成团队意识的一种简单易行的方法。没有哪个团队比家庭团队更重要。

在此之前，我们必须不断对孩子强化这些事务，让他们知道完成这些事务的重要性，什么样的孩子会优先选择做家务，而不是玩游戏机、投篮、看网飞（Netflix）电影呢？答案是不存在这样的孩子。这正是我们必须尽早让孩子承担相应家务的原因。自他们小时候起，我们就要将这一点融入他们的生活，以避免他们成年后自身系统遭受真正的冲击。

我女儿五岁时就能把床角整理得像医院一般干净齐整，从车里取出杂物，布置、清理餐桌，帮忙做饭菜。我希望她们完成这些日常事务时心情舒畅，因为亲身参与，才能充分理解付出的价值。同时，除非身处他人的立场，否则就无法与之共情。做到这一点的好办法，就是让孩子挑起一些重担，让他们形成健康的观念。

此外，还可以将零用钱作为完成日常家务事的激励措施。我和戴夫采取的一种方式就是每周给她们 5 美元，犒劳她们遛狗以及完成洗碗碟、倒垃圾等事务。仅仅一点零花钱就可以令她感受到自己的成长与责任。这很有效，因为她们早早就领悟了自己挣钱的感觉。我们也不总是立刻支付给她们钱，而是在她们完成所有任务后的周末才给她们零花钱。

诚然，很多时候她们会半途而废，全然忘记要把毛巾挂在浴室门后的衣钩上，而是随意丢在地板上。毕竟她们只是孩子，需要有人引导。随着孩子年纪增长，她们可以自立，获得数份工作。我发现她们爱上了自力更生的感觉。她们会让自己做事更有效率，知道如何照顾自己。最终，你的孩子也能做到这些。

教育孩子要从小事着手。我再次说明，我们要尽力教他们，成为对家庭有所贡献的人的感觉棒极了，因为这样做减轻了父母的工作量，为家庭出力也会让自己感觉良好。他们所做贡献的价值，**不能用完成日常琐事的多少来衡量，而是取决于多大程度上对身边的人有所助益。**

常见的问题是，我们很难投入精力让孩子明白自己该做什么。大家都很清楚，从我们睁开眼那一刻起，就必须对年幼的孩子进行监管。即使他们认为不必如此，学习新事物时，他们也需要一定量的手把手地教授。

从理论上讲，在家中分配责任会减轻我们的负担。但是起步阶段往往并非如此。起初，当我们教孩子帮我们做饭、洗衣物、洗碗碟时，我们必须做好准备，留出一些培训时间。不过学习任何新事物都是这样，对待年幼的孩子也应当如此。

在教育孩子上投入的时间终有回报

一定要牢记，额外投入时间教会孩子洗衣、做饭，后期会证明非常有必要。众多父母推迟给自己的女儿穿上少女内衣,仅仅因为他们不想应对青春期教育的过程。所以我明白,有时人们更倾向于将事情简易化。不过在事关自己孩子的事情上,我们越早允许他们独立思考、采取行动,他们的能力就会越强,信心会越足。

事实是,有些家长认为让孩子做家务很不方便,他们不得不对孩子进行指导,加以监管。但是这些家长没有进行长远考量,他们没有意识到,前期付出的这点努力,会在后期让孩子变得更加独立自主。

事实简单明了,做家务对孩子有益,即使孩子认为并非如此。在他们年幼时,给予他们成年人的责任就是向他们授权,作为家长要表现出深信不疑的姿态,将处理生活事务的权利交给他们,承认他们长大了,至少承认他们日渐成熟。不管怎样,我一直是这样认为的。自记事时起,我就热爱劳动。我一直想得到一份工作,获得信任,承担成年人的事务。

事实简单明了,做家务对孩子有益

如果我们准备教导孩子如何开始自谋生计、回馈家庭,那么我们就不得不抑制为孩子准备一切的强烈欲望。大多数家长都会有这种想法。我们手把手引领的时间越久,对孩子而言自主行事就越发困难。培养孩子的真正收官阶段就在于此。我知道,孩子年龄太小,过于依赖父母,这时很难设想他们独立谋生时刻的到来。但这一刻还是来了,来得如此迅速。

第4章 教会孩子承担责任

所以不要因为担心孩子受到伤害，就帮他们代办一切。比如，不要仅仅因为担心她可能伤到自己，就告诉女儿你不需要她帮忙切菜，未来她做沙拉的准备工作有赖于此。并且，如果某一天她打算好好利用自己的厨房，她必须知道切菜的方法。

还有一个需要避开的陷阱，那就是将家务事交给孩子时苛求完美。相信我，在我的两个女儿年幼时，我不得不艰难地抑制住抓狂的冲动。我成功做到了，最终她们变得更加独立，做得也更好。

当我们没有教会孩子独立，没有把控他们小小世界中的诸多事务时，他们就会只享受权利。这很容易让孩子变得粗俗无礼。很遗憾，但这是事实。他们会期望一切事情都为他们安排好，如果做不到，他们就会满腹牢骚。

我做教师时，每天都能看到这种类型的孩子，例如有个小姑娘，在活动结束后，从不喜欢把自己的工作区整理干净。严格来说，她完成了剪裁粘贴的小任务后，便从桌旁起身离开，留下一片狼藉，期望其他在桌旁工作的孩子整理卫生。

我记得她第一次这么做时，我把她唤回来整理她弄乱的东西。她看着我，指着桌旁的其他孩子说："为什么要我这么做？他们正在为我整理。"直到我问她在家弄乱东西时会怎么做，我才明白这一切——她妈妈总是在她身后进行整理。事情就是这样，无人追究她的责任。

最重要的是，孩子需要释放天性。即使所做的事务不同、节奏不同，但他们都在学习尽量做好，我们必须记住这一点。为此，我们还要优先考虑孩子的上学和休息时间，让他们分担多大的责任以及何时分担，要有分寸。正如前文所述，孩子们能够承受的负荷，超乎我们的想象，也超乎他们的想象。因此，在大多数情况下，他们总能应对自如。

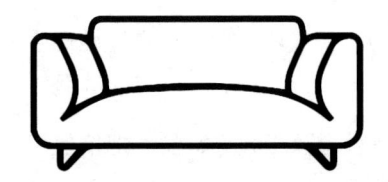

黛布拉·福克斯·詹森伯格心理诊疗室的建议

"Z 世代"①被称为权利世代。家长要努力阻止孩子形成特权意识以及不切实际的期待。

一代代正在成长的孩子，通常会受到周围很多事务的影响，诸如经济、新式装备以及互联网附加服务等等。作为家长必须牢记，孩子生活中出现的人、他们所做的事、他们去过的地方，都会对他们成为什么样的人产生影响。作为父母，要避免把孩子宠坏，这一责任不可推卸。

---

① "Z 世代"，美国媒体常用来描述"80 后"和"90 后"的一个新词汇，是指那些"认为特权与生俱来的一代"。

锦囊妙计：我们可以从教孩子认识到"有的东西是得不到的"着手。一个人的想法不可能总能得到满足，这就是生活。如果真想得到一样东西，就不得不为之努力。为了赢得某物而奋斗的兴趣和动机不足，就存在凡事需要人帮助的风险，这是这一代人面临的挑战。

锦囊妙计：如果期望孩子做出回应，家长要先做好表率。权利并非凭空出现，而是源自家长，我们无法忍受孩子历尽辛苦却最终失败。如果你展现出良好的职业道德、专业素养及奉献精神，那么你培养出一个同样具有这些品质的孩子的概率就更大。家长必须抽身事外，让孩子观察、学习，随后领悟实实在在完成工作的感觉。孩子必须领悟，得到自己最想要的事物要靠勤奋努力而不是接受救济。

询问孩子置身事外的原因，借此削弱权力之争。

锦囊妙计：身为家长，如果你的上司、父母或同事要你完成某事时，这一任务是如何落在你身上的呢？你是否会迅速完成交付的任务呢？如果别人以尊重的口吻提出请求，你有何感受？你是否更愿意进行下去？虑及自己的孩子，你如何提出期望至关重要。放弃强制要求的心态，用尊重的口吻、善意的言辞提出请求，孩子的回应可能令你大吃一惊。

锦囊妙计：当你遭遇抵制或者回绝时，你的孩子想要你了解什么呢？当你提出请求时，询问、探究孩子的想法，变权力之争为沟通对话，更好地理解孩子的思维过程。一旦你对此有了深入了解，就问问孩子为了完成交付之事有何需求。在开始行动前，孩子需要的可能是一些帮助和更有效的引导。

> 家长们，锻炼自己的耐心，调整期望值，适时放手，这是培养孩子自力更生的关键。

锦囊妙计：我很早就领悟到，家长目前所做的会给孩子未来的发展埋下伏笔。如果你常常为孩子叠衣物，他们就会一直期待你这么做，而如果你教给他们叠衣服的方法，让他们加以实践，不苛求完美，要求他们未来为自己而做，让孩子心甘情愿地承担这个任务，那么他们会变得独立自主。

锦囊妙计：家庭作业是孩子的事，而不是家长的事。当他们学着掌握一项技能时，这一过程通常对他们的学习有很大帮助。如果你是完成作业之人，那么掌握技能的人就是你，老师就不知道孩子的真实水平。家长的责任是扶助孩子，最终使其学会靠自己解决问题。进一步教会他们如何管理时间，检查自己的任务，千万不能直接告诉他们答案，或者替他们完成。这些都是实现自立的好方法。

锦囊妙计：作为家长，我们都希望孩子们生活幸福、身体健康，并获得成功。我们确保实现这一点的方法就是予以支持，放手让他们自己处理事务，让他们领悟何为勤奋努力。营造空间让他们变得更加自立，他们会因此充满信心，相信自己有能力应对各种情况。如果家长常常替他们解决问题,那么他们就一直需要家长的参与。想要成功,独立自主是不可或缺的品质,因此,需要给予机会让他们大胆尝试。

第 5 章

轻松适应说"不"

对孩子说"不"的感觉并不好,但有时让孩子听到这个字眼非常必要。

自孩提时代起,身边别的孩子有的东西我们的孩子也想拥有。这无须大惊小怪,因为孩子最不愿接受的字眼就是"不"。

他们刚学会使用胖乎乎的小手,就试图抓住所有的东西。

孩子年幼时,我们不得不使用"不"这个字。这好像的的确确非常轻松地解决了一些问题。如果我们没有及早踩下刹车,就有滑坡的风险,一头冲进被宠坏的淘气鬼的世界。我深信没有人想这样。

那么,为何我们的孩子想拥有和其他孩子一样的东西呢?为何他们不肯接受"不"这样的答复呢?答案显而易见,因为其他人有,所以自己也得有。

在幼儿园游戏小组中,在游戏聚会中,在兄弟姐妹之间,我们经常会看到这一现象。在孩子年幼时,这个问题始终存在,它造成我们和孩子的重重压力与焦虑。当孩子一定要某样东西时,即使多数家长会对他们动之以情、晓之以理,但是五六岁大的孩子很难理性思考。因此跟他们讲道理没太大意义,但是你至少可以建立一种模式,即当孩子想要某样东西,而这个东西纯属多余时,你可以说"不"。你只需知道,即使你说了"不",也并不意味着他们会减少提出要求的次数。他们只会在你说"不"时更有技巧地加以应对。当然,如果这时可以说"好",也可以让他们享受此刻的满足。

多年来,在各种公共场合,我观察到有些孩子因为一个确定无疑的"不"而与家长发生争执。结果家长屈服了。要知道,**我们才是那个应该保持强硬态度,应对嘀咕不停的 7 岁小孩的人。**他才 7 岁,与之相比,我们更高大,我们还是有能力拉开他,把他彻底拉离现场的。零容忍是我们不得不实施的策略。

> 零容忍策略真的能奏效吗?有时过程比仅仅说"不"更有效。

在我们家,戴夫和我向女儿们清楚地说明,如果她们因想得到某物而当众撒泼,她们就永远得不到自己想要的东西了。等到她们可以用合理的方式和我们对话时,我们就会知道,她们已经长到足以承受当众撒泼的后果的年龄了。这样一来,她们也不会再做出那样的行为。

孩子未必需要目光所及之一切

事实上,如果他人的物品漂亮又新潮,我们的孩子也会想要。世人多贪恋他人之物,孩子们更是如此。多数情况下,普通低龄儿童不会明白为什么他们不能拥有唐卡、玩具卡车或芭比娃娃。所以为了改变这种想法,我们要投入相当长的时间,要付出很多努力,才有可能改变。我们必须坦率地接受这一点,这将是一场令人精疲力竭的战斗,战斗结束前我们会被多次击中要害。

我在孩子身边工作时间越久,越能看到这样的孩子,他们很少会被父母回绝。在购物中心、超市或者公园,无论何时,这些孩子得不到想要的东西,就会发脾气。他们会有那样的行为,可能是因为习惯了在家中要什么就有什么。所以他们自然认为,在家以外也应如此。因此作为家长,趁情势尚未失控,要把问题消灭在萌芽状态。

还要牢记一点,**我们越早教会孩子对拥有的一切知足,随后的生活我们应对起来就会越轻松。**

记住,孩子年龄越大,越想与自己身边的人保持同步。他们开始注重朋友们的衣着穿戴、游戏娱乐以及所作所为。这是因为他们正进一步深入外面的世界,开始接触世界呈现的越来越多的内容,尤其是接触到越来越多的新鲜事物。

当我的女儿上小学低年级时,她们与其他孩子别无二致。尽管我们竭尽全力劝告她们要知足,但她们每天回家还是会不停地提出要求。即使她们没有每天都索要玩具,可能只是要冰激凌、糖果或者去看电影。她们年龄越大,提出的要求也越高。

需求不仅限于有形之物。孩子们还想要无形之物,比如和朋友一致的宵禁令,和朋友一样多的看电视时间和打游戏时间,等等，从不消停。所以教育他们满足于已拥有的一切的责任就落在我们身上。

每个人都有需求，它是我们内心焦虑不安的部分表现。我的意思是，如果情况不是这样，"贪恋"一词也许就不会被列入《十诫》。①出于某种原因它被列入其中。理论上讲，我们不应该贪恋他人之物。不过现实却是我们还会贪恋，不管我们该不该这样。

如果我们能谨慎利用孩子想要的东西，那么它可能是有所助益的激励工具。举个例子，如果孩子完成了所有家庭作业，就能获得额外使用电脑的时间。倘若他们做完了全部家务，就可以和朋友们一起去打保龄球。这些都是他们的需求。给予孩子体验而不是奖励他们实物，这能帮助孩子专注做事，而非仅仅聚集更多的物品。

> 学会把握激励孩子的时机和方式，是做好家长的关键。

你甚至可以经常说"好"

孩提时代，我们极想要得到某物，那种需求无比强烈，这

---

① 《十诫》（*the Ten Commandments*），大约公元前1500年，摩西制订以《十诫》为代表的律法，确立为犹太人的生活和信仰的准则，也是最初的法律条文。——译者注

样的感觉谁会不记得？（我认为这就是所谓的痴迷。）我还记得，当我的头脑被某物占据时，我全神贯注，沉迷其中，达到了让父母烦恼的程度。孩子大多如此，这很正常。

以下例子就是证明，我现在还清晰地记得，大概七八岁的时候，我的大多数朋友都有宠物狗。因此，我也想要一只。为了得到一只狗，没过多久我就开始策划与之相关的一系列活动。像多数有计划的孩子一样，我策划活动很用心。

在我年幼天真的头脑中，我看不出有什么合理的理由可以解释我不可以在家中养狗。我并未考虑母亲对狗不感兴趣，而只想到自己要养只狗。这个念头挥之不去。

结果就是，每次一开口，我苦苦恳求的就是这件事，可怜的父母为此筋疲力尽。这件事持续了一段时间，最终他们做出了让步。这就是很多时候我们作为父母采取的行动——做出让步，即使我们当时不情愿，即使我们有成筐的理由解释为何我们不应该这样做。就像让孩子学会如何接受拒绝很不容易一样，我们学着说"不"同样艰难。

其原因在于，养育子女并非一门精确的科学。知道何时说"好"，何时说"不"，何时干预，何时撒手，通常很困难。这就是我们在一生中常常出现纰漏的原因。由于我们做出的多数与孩子有关的选择的动机，是出于让他们幸福，所以我们有时会变得贪心，仅仅因为自己对他们的爱而做出自知不该做的事。

但不要认为，我最终获得了一只狗，就能万事随我心意了。恰恰相反。而且，我的孩子也不能这样。我的爸爸妈妈为情势所迫时会说"不",我们也会这样。教育我们的孩子不可能万事都随他们的心意,我早早就领悟到这样做的重要性了。我们不可以向孩子的一切愿望屈服,原因很简单,人与人之间需要界限,小孩子更需要。

当然,没有人愿意看到自己的孩子伤心难过,不管他们伤心难过的原因是什么。但在生活中有一件事简单明了,即不可能他们想要什么我们就给什么。**让孩子相信自己可以得到或应该得到一切,就是给予他们不切实际的希望。**一旦他们年龄增长,就会很快意识到,即使父母会包容他们,世界上的其他人也不会纵容他们。

换言之,有需求没问题,孩子出现这种现象也在意料之中。但不得不提及一点,要让孩子接受我们不是一个填满百元大钞的黑洞这一事实,他们必须学会适应失望,因为这种情况会经常出现。对孩子而言,理解这些事实需要时间。这就意味着,只要有机会,我们就必须进行强化,直到他们真正适应为止。

秉持原则还是弹性管理?

教会孩子原则的意义的方法与其他教育的方法别无二致。我们反复强调,秉持原则不放弃。不过,即使我们是真正坚守自己制定的原则的人,也要允许自己偶尔放松一下。这就是所谓的弹性,它需要视情况而定。举个例子,如果孩子们想晚睡1小时,我们说"不",随后他们多次纠缠,我们依然说"不",

我们保留做出妥协的权利。我们可以说再推迟 10 分钟，他们要么接受，要么上床睡觉。向孩子及他们真正想做之事做出让步的后果只有一个——强化了他们享受的权利。不管他们试图得到什么，这都是我们最不希望看到的，所以只能间或例外一次。

此外，孩子们会模仿我们在他们身边示范的行为。如果我们发脾气，他们很可能也会这么做。如果我们在处理他们无休无止的请求时，多数时间能够心平气和，那么他们就会适应我们营造的这种氛围。

我们都知道，当人反反复复听到对同一事物的请求时，很难不受其影响，这会令我们精疲力竭。然而，如果我们将孩子放在一旁，先行离开，而不是和一个发脾气的小孩争论为何她们不能拥有芭比娃娃，那么，相比而言前者的效果往往更好。暂时搁置这件事，离开房间，就是最大的胜利。

> 如果你 5 岁的孩子和你交涉睡觉时间，这时就该把他丢到床上。

你必须率先垂范

还有一件事能真正帮助孩子，那就是我们在生活中亲身示范，因此我们在与孩子相处时更要以身作则。

第5章 轻松适应说"不"

> 🛋 真正帮助孩子理解"不"就是"不",设置界限并非坏事。还有就是建立我们自身的生活模式,在与孩子相处时尤需如此。

我们是有收入的成年人,可以自由支配收入,无须向他人解释。但是孩子年幼,我们要让他们懂得万事不能尽如人意,这时我们要通过有意识地约束自己来证明这一点。如果我们想要什么就买什么,这会让孩子认为我们言行不一致。所以我们要践行自己教育他们的内容,并坚持亲身示范。

有时做出让步,满足孩子的需求,是家长常犯的一种严重错误。因为一旦我们心软动摇,他们就会知道自己的确有能力操控我们,那么他们一有机会就会让这一能力为己所用。

因此,我们要毫不动摇地坚持自己的立场,做到这一点并非难事。只有我们的孩子最终意识到自己不能为所欲为,他们才会有能力应对往后生活中的不如意。

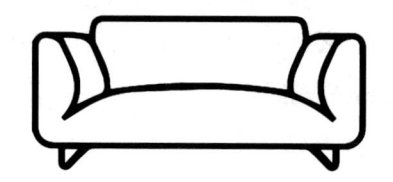

黛布拉·福克斯·詹森伯格心理诊疗室的建议

> 零容忍真的能奏效吗？有时过程比仅仅说"不"更有效。

家长嘴上说"零容忍"时，他们真正的意思是"杜绝此类行为的发生"。是这样吗？学校、公司等场所都在贯彻这样的政策，从而确保自己的学生及员工不发生危险，不做出错误的判断，但在家中真有必要这么做吗？

锦囊妙计：事实上，零容忍策略会阻碍家庭必要的交流。举个例子，如果你的孩子对其他家庭成员使用伤害性言语，缓一缓，避免让平静、冷静、镇静演变为难过神伤，创造机会来讨论语言对兄弟姐妹产生的影响，还有言辞的真正意义。孩子们常常重复他们听到的话语，实际上并不知道这些话的真正意义，随后可能在不当时机或者以不当方式重述这些话语。如果这一行为再次出现，那么下一步可能就要为其制定违反的后果了。

锦囊妙计：孩子的意图经常与他们的实际行为相差较大。运用零容忍措施时，要考虑孩子的年龄和发展阶段。孩子做了你认为无法容忍的事时，你首先要查找自身的问题，尝试理解他们言行中令人无法容忍的地方，然后再考虑采取相应的惩罚措施。零容忍的确没有留出暂停的时间，让你从方方面面思考所发生之事，所以我们可以从教育的角度决定惩罚措施。

锦囊妙计：零容忍规定也有例外，不管你身在学校、家庭还是办公室，每个人都应该安然无恙。如果有人在你家中制造危险或者营造危机感，即使这个危机制造者是家中的一个孩子，你也务必首先考虑保护自己的孩子。如果你感到家中有人处境堪忧，身为家长，保护他们及他们身边的人是我们的责任，务必向所有当事人施以援手。

学会把握激励孩子的时机和方式是良好教育的关键。

停下来想一想真正激励你的是什么。奖励方案是否奏效？我们每个人的实践方式不同，关键在于让自己的孩子受到激励，在学校表现良好，付诸行动，把房间整理干净，这对于他们的成长以及发展极为重要。

锦囊妙计：今天奏效的方法，明天未必还能奏效。谈及怎样缓解孩子的焦虑不安，你可能会发现这件事很棘手。对我们而言，学会如何激励孩子是一种挑战，不过我们还是要开始关注何时应该给予孩子奖励或惩罚。奖励和惩罚，哪一种对他们作用更大或者意义更深呢？

锦囊妙计：停下来想一想，身为家长，你会如何处理奖励和惩罚。如果你没办法制定奖励或惩罚的措施，那么你可能需要重新限定孩子的权利。看电视、使用屏幕的时间以及重新组装一套乐高积木，这些都是权利。如果权利不具有特殊性，那么孩子就不可能感兴趣或被激励。

如果5岁的孩子和你交涉睡觉时间，这时就该把他丢到床上！

孩子的责任就是找到自己的路，一路尝试。他们一定要领悟何时该前行，何时该止步；何时要知足，何时可以更进一步。他们如何学会这些内容呢？在他们蹒跚学步，步入青春期，成长为成年人的过程中，父母才是那个教导他们的人。何时上床休息？这不该由5岁的孩子决定，决定权在于父母！理解协商与妥协的差异，有助于父母制定规矩，而不是事事妥协。

锦囊妙计：家长为了要求孩子停止做某事，或者开始做某事，常常被迫做出妥协。如果你要求孩子去洗澡，孩子问是否可以晚些再去，你随后可能就要妥协，"好，如果你同意把头发一起洗，就可以晚饭后洗澡。"然而，协商之时你可以一走了之，你有权说"不"。当孩子问道："妈妈，我可以晚点洗澡吗？"你可以说："这事不容商量，请你现在去洗澡。"作为家长，这是件棘手的事，不过你是愿意做出妥协，还是认为此事不容商量？你必须做出选择。提前知道这一点有助于缓解紧张，改善交流结果。

锦囊妙计：关于明确立场，决定妥协是否合适的问题，父母务必密切观察孩子的年龄及发展阶段。记住，父母才是教会孩子何为界限、规矩的人。如果父母不能做到始终如一、简洁明了，孩子就永远学不会，或者不能真正理解何事可为，何事不可为。仔细观察当时的情况，判定是否需要对孩子强化拒绝的理念及当时的情况是否还有回旋余地。最终，父母可以判断自己的做法是否恰当。换句话说，或许是时候让事情简单一些，不要过于频繁地允许孩子讨价还价了。

第6章

给孩子自由时间缓解压力，释放天性

允许孩子每天看电视、打游戏，释放天性……让他们适当释放情绪。

回首我们的孩提时代，我们在室外打球，直到夕阳西下，妈妈招呼我们回家。晚饭后，我们玩芭比娃娃、火柴盒车、看书、做疯狂填词游戏，然后结束我们的一天。这就是世界运转的方式。现在，我们的孩子一路比赛，从小组到社团，再到进球队训练，坐在车里把晚饭放在膝盖上匆匆吃完，而家长们都在悄悄祈祷来场季风，这样就能取消训练。

如今孩子在学校，你要习惯一点，他们的活动远不只是每天往返教室。相当多的孩子从学校回到家里，戴上护具，穿上空手道制服，系好芭蕾舞鞋，每天都是活动满满。看到我们的孩子忙忙碌碌，全身心投入，没有虚度光阴，这种感觉很棒。然而，他们还需要时间释放天性。如果做不到这一点，他们就会错失年少时光中无可替代的东西，而在我们被迫关注此事之前，我们往往意识不到他们错失了什么。

如果无法用有效的方式来解压，孩子们就会缺少释放压力的渠道。失去解决问题的出路，他们就会习惯于等待被家长安排时间。如果家长无法安排，或者家长没有空闲时间，他们就会茫然无措。

由于我是一个注重视觉体验的人,所以让我们快速浏览一下我刚刚列出的条目,内容是当孩子们穿梭于各种活动之间,毫无喘息机会时,他们会错失什么。

◇ 学会自娱自乐。
◇ 安静独处的时间,比如全神贯注地读一本好书或欣赏一幅画作。
◇ 进行创新的时间。
◇ 发呆遐想的时间。
◇ 缓解压力及处理日常事务的机会。
◇ 努力奋发的机会。
◇ 独立自主的机会。

如果我们没有给予孩子探索创新的自由,至少能让他们独立安排自己的一部分时间。我们常把他们设置成不能独立的小机器人,只会循环参加一个接一个的活动,无法独立思考,做不到自娱自乐。

给家长的负罪感放个假

孩子们需要喘息的机会、自由玩耍的时间,还有自我选择的自由,尽管事实是今天的家长一看到孩子们无事可做,哪怕只有一分钟的时间,他们就会产生荒谬的负罪感。我体会过这种感觉,可能因为我自己习惯于忙碌且高效,但我也会享受闲坐无事的安静时光。不过孩子们尚未成长到这一阶段,他们的确需要有序安排时间,只不过并非所有时间都要如此紧凑。因此,我们需要告诉孩子,让自己的大脑休息片刻无伤大雅。事实上,这一点绝对必要。

"人们存在着一种谬见,认为无事可做就是虚掷光阴,事实上这样的空闲时光富有成效,不可或缺。"凯西·赫胥·帕赛克博士说,"在空闲时光中,孩子们以自己的节奏探索世界,开发他们独特的兴趣,沉浸在幻想游戏之中,这些游戏有助于他们打造属于自己的幸福,独立处理与他人之间的问题,明智地管理自己的时间。这是生活技能,至关重要。"

倘若你尚未听说过这句话,就会产生具有现实破坏性的问题,即所谓的过度饱和现象。简单来说,就是家长为孩子安排各种活动,排满孩子每天的时间,以确保他们不会虚度光阴。其结果是,孩子们受到过度刺激,他们就会脾气爆发。这种结果很快就会出现,且令人不悦。

> 有时,越是成果显著的人越忙碌。然而,孩子们很可能因为太过忙碌,才会什么事也做不好。拥有无事一身轻的自由时间,可能大有裨益。

从我自己的经验出发,让孩子的生活充斥过多的活动不是

第6章 给孩子自由时间缓解压力，释放天性

好事，因为如果没有放松的时间，孩子们就很难缓解压力，处理问题。如同需要将热气导出旧式散热器，这样才不会发生爆炸。我们的孩子就像迷你散热器，需要允许他们宣泄情绪，使他们的身心系统达到平衡。

我和其他家长进行过许多次交谈，讨论当孩子有一点自由时间时，他们有多么迷茫。我和孩子也进行过类似的交谈。过去我常常看到孩子们每天清晨拖拖拉拉地走进学校，每个周末无精打采、身心疲惫地坐进汽车，从一处运动场奔赴另一处运动场，从一个球场赶到另一个球场，从一场训练转入另一场训练。他们憎恶这样的日子。即使他们热爱自己从事的活动，他们也厌恶时时刻刻都在做这件事，因为这使他们几乎没有什么时间完成其他事。这种从不停歇的节奏不可避免地导致严重的情绪崩溃或者情绪大爆发。

我所在的幼儿园有一位家长，她女儿在某个周一早晨彻底崩溃，这件事发生后，我和这位家长进行了一次谈话，至今让我记忆犹新。该家长表示，送女儿上学时，还未走出车门她就已经行为失常。她拒绝解开安全带，等她妈妈最终把她弄下车后，这个女孩不肯走，直接坐在草地边，双腿双臂交叉，就像在为争取无核世界而静坐抗议。最后，指导顾问及她所在班级的老师劝说她走进了教学楼。据了解，她整个周末都在进行足球循环赛，其间还挤时间参加了三场独舞表演，另外还有两场曲棍球比赛。这个孩子已经筋疲力竭了。

于是问题来了，我们是在培养成就杰出的一代人，还是在

培养负荷过重、疲惫不堪的一代人呢？我想答案我们都清楚。现在的家长，就是要把孩子每分每秒的时间都安排好，确保他们在学业和课外活动方面不落人后，甚至超越同辈。我每天都能看到这种现象：家长开车把孩子送到学校门口，孩子拖着背包走下车，包里塞着网球拍，外面系着钉子鞋，一只手拿着曲棍球杆，另一只手拿着小号箱，可怜的孩子几乎无法通过学校的前门。即使上了初中也并不轻松，还有更繁重的学业压力等着孩子们。

孩子负荷过重，以至于每天结束时几乎连自己的名字都记不清，这样的孩子有多少，我无法言明。他们无法跳出足球队、游泳队、钢琴课以及烹饪课的行程，于是他们紧张而匆忙地穿梭于训练到彩排再到训练的过程中。这样的节奏不仅压抑了孩子，也拖垮了因此变得紧张、焦虑的家长。

我的意思是，我完全支持让孩子接触身边的各种事物。孩子们趁年轻尽可能多地尝试不同的项目，才能弄明白他们喜欢什么，不喜欢什么。但是在我们必须进行选择时出现了一个问题。作为父母，我们要教孩子如何为自己做选择。因为**即使我们想为孩子报名参加各种活动，那样做对孩子或我们自己也未必有益**。

有时候，只需说"不"

我们可以在以下时刻采用锦囊妙计里的对策，即轻松适应说"不"。对过多的活动说"不",这样做势在必行。关于孩子如何度过自己的时光,我们要用理性的态度承担起责任。我们不应该强迫孩子成为曲棍球运动员或横笛演奏家,也不应该让7岁的他们加入各种运动队。我们应该为孩子设定界限,不仅包括规定上床睡觉时间、看电视时间、可以吃的食物,还有年幼时他们可以做出何种承诺。

我知道,家长很容易因不想让孩子失望而心神不宁。每位家长都希望得到孩子的欢心。但是**学会何时说"不",远比得到孩子的欢心更重要。我们要成为孩子及其时间进度的监督员。**做到这点很难,因为看到自己的朋友效力于多支球队并且学习街舞课程,我们的孩子也会想加入。因为他们不想错过任何机会。家长也常常让自己负荷过重,因为我们不愿意让孩子掉队。我们看到其他家长拿着登记表在排队,就会认为自己不给孩子报名是对他们的一种伤害。事实上,孩子和家长一样需要从责任中脱身,休息一下。

颇具讽刺意味的是,美国儿科学会(American Academy of Pediatrics)表示,"体育专业训练至少要推迟到15至16岁,才能将过度使用性损伤的风险降至最低"。15岁以前的孩子的肌腱及韧带的生长发育过快,就会缺乏对过度使用的抵抗力。因此我猜测,这意味着这一年龄段的孩子应该从事初级水平的运动项目,即娱乐性体育运动,旨在活动肢体各部位,让他们具有团队责任感以及运动精神。如果年幼的孩子跨越了这一阶段,转入高强度竞争的运动领域,问题便会随之产生。

尝试学习新鲜事物是成长中不可或缺的内容。这铸就了团队合作以及灵活适应的能力,教会我们如何与人沟通交流,如何表现优异、树立自尊,有助于我们建立良好的人际关系。这一切都是宝贵的人生经验。

> 我们学到的最有价值的经验,就是在日常生活的方方面面都可以过上少即是多的极简生活。

要鼓励孩子停下脚步,暂停一下,这是我们的责任。因为如果孩子有时间休息,他就更有可能学会悦纳枯燥、独立思考、放松大脑、塑造自我。如果你真的想帮助孩子成为全面发展的人,就要让他足够放松,达到平衡状态。他会为此感谢我们,会因此变得更加沉稳,压力也会减轻。你也会因此而感到舒适。

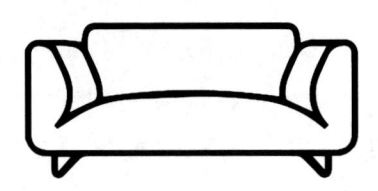

黛布拉·福克斯·詹森伯格心理诊疗室的建议

有时,越是成果显著的人越忙碌。然而,孩子很可能因为太过忙碌,才会什么事情也做不好。拥有无事一身轻的平衡状态，对孩子的成长可能大有裨益。

当今社会生活节奏快，凡事讲求高效，每一天分秒必争地做事，才有可能创造出丰硕的成果。这是一种理念，但其中的错误在于，成果一定是有形的可衡量的实物。我们的社会需要停下脚步，真正理解有些时候时间与空间才最珍贵，它不是我们在现实中能看到的。然而，创造时间和空间让自己振作起来、恢复元气，这种行为带来的益处，我们可以亲身感受到。在家中尝试这样做，可能比你认为的更有价值。这些都是投入时间慢下脚步充实自我带来的益处。

锦囊妙计：依赖网络频繁互动的一代人具有消极的一面，人们认为他们没有定性，过度频繁地更新状态、发布图片以及推文。事实上，年轻的"Z世代"摊开四肢躺在沙发上，甚至待在浴室时，除了手中的手机，他们没有其他可供放松的选择，这会对他们造成伤害。家长的职责就是帮助孩子学会如何管理自己的时间及空间。断网可能会让"Z世代"受益。很难相信，放松身心解开束缚可能就在腾空两手之时，就在阅读一部好书或者聆听一首音乐那一刻，不过这是事实。家长们，让他们开始行动，并且我们要以身作则。

锦囊妙计：作为成年人，我们无法挣脱繁忙的生活之网。其他人在做的每一件事，加入游戏聚会、旅行团队、教会学校以及其他社交活动，我们以为自己都要做到，这让我们越发忙碌。身为家长你必须检查自己家庭的实际需求，而非盲从他人所做之事。在不用匆忙出门参加训练时，留出适量的时间，让孩子独自完成家庭作业。

我们学到的最有价值的经验，就是在日常生活的方方面面都可以过上少即是多的极简生活。

有时我们可能身陷繁杂事务之中。如何让生活真正充实起来，重质而不是重量呢？孩子可能只需要一位好朋友陪伴他们步入校园。这一代孩子重量不重质，原因在于过度宠爱的家庭教育。我们可以对自己做决定的过程做些简单变革，这样便能阻止这一现象的发生。

锦囊妙计：家长必须发挥榜样引领作用，适度克制自己的欲望以及不必要的需求。孩子们会观察家长的行为。如果你应邀参加所有社交活动，他们也想这样做。要向他们解释清楚，你们准备选定周六晚上留在家中，大家一起共度轻松的休闲时光，而不是与某位朋友外出共进晚餐。

锦囊妙计：我们投入时间试图完成各种事情：家务、工作、回复电子邮件或电话……如果我们将大量的时间与关注倾注在自己及我们深爱之人身上，情况会怎样？你要教会孩子优先为自己和自己深爱的人留出休闲时光，他们随后会领悟这一家庭习惯的意义，并爱上这一惯例，随着年龄增长将这一习惯融入自己的生活。

第 7 章

不要担心让孩子承担后果

> 孩子需要界限,你要坚守原则。

孩子们违反了家规，他们会为此焦虑不安。但每个人在孩提时代都会出现这种情况。身为家长，教化孩子是我们的责任，它要耗费大量的时间，倾注难以想象的心力，投入大量耐心。但是可以教化成功，我保证。

每个孩子都在以这样或那样的方式考验我们的耐心。我猜你可能会说，这就像人生的某种过渡仪式。这是成长中的重要内容，每个孩子都想通过尝试验证哪些做法可以逃避惩罚，哪些做法不能。我们只需回忆一下自己的童年，就可以证明每个人或多或少都做过这样的事。

多数孩子喜欢惹人发火

你还记得有多少次你或你的兄弟姐妹惹得父母发火吗？我敢肯定多不胜数。有多少次我们被爸爸抓到超过了睡觉时间还在熬夜？相当多。每隔多久我们就会观察到自己的朋友做出愚蠢的决定？比如，为了看看热不热而把手放入开启的烤箱内，尽管他们知道最终的结果会相当糟糕。不管你是否相信,这些事极其常见。

以上所述甚至更多这类事情出现的原因,就是孩子并不总是那么完美。我小时候还算是一个优秀的孩子,但在遵守规矩这方面,也做过未经思考、不负责任之事。比如,我的妈妈说过"不要在坡道附近玩滑板,因为速度太快,停不下来",我却踏上那个塑料滑板车,沿着残疾人坡道滑行,把妈妈的话抛在脑后。因为和多数小孩子一样,我确信自己无所不能。在我那未发育成熟的小脑瓜中,我从未想过自己可能失去控制,最终翻车,脸部着地摔倒在水泥路面,随后缝了12针……

我的孩子在同样的年纪也是如此,经常惹我发火。拿我的小女儿莉比来说,她8岁时,我们开车到纽约逛娃娃店。她的梦想终于成真,这次出行她盼了几个星期。我给女儿们穿上最漂亮的衣服,把她们喜欢的各种配饰装上车,带上她们最喜爱的娃娃。对于她而言,这相当于一次迪士尼乐园之旅。我觉得是来到时代广场附近时,她开始精神崩溃的。坦率地说,虽然我记不清她失控的具体理由是什么,但我的确记得那一幕很糟糕,糟糕到我别无他法,只能发出最后通牒:"打起精神来,否则我们就不去逛娃娃店了。"

好吧,我们要说这样的结局并不理想。她无法控制自己,于是我们别无选择。她让我们不得不出此下策。我们要么停止逛娃娃店,要么表现得像地球上最温柔的父母。前者很残忍,我们却不得不为了后续活动而选择这样做。因为我们认为这是个可以施教的时刻，是关于人生的一课。显然这样做很有效，因为我们路过那家娃娃店却没进去，这件事影响深远。莉比的心情一团糟，我也一样。最终，纵然坚守原则异常困难，但我们的做法向莉比传递了一个必要信息：如果不承担后果，不良行为就不能被包容。

违规后果可以创造奇迹

莉比上中学时，有段时间她有意大力摔门，即使我清楚地讲过，如果她这么做会发生什么后果。显然她在试探我的底线，她试图激怒我，因为我回绝了她去购物中心的请求。对此我发出了最后通牒："再大力摔门一次，你一定会希望自己从来没这么做过。"你能猜到发生了什么吧，一把平头螺丝刀就足以证明我的话。她房间那扇门在车库里放了三天，从此她再也没有大力摔过门。

我想说的是，孩子们一有机会就会挑战我们的权威、我们定下的规矩和我们的建议。类似的行为似乎会持续相当长的时间，久到几乎令你相信他们永远也不会终止这种行为。站在他们的立场考虑，孩子不断产生愚不可及的言行且我们必须对他们施以惩戒的原因，是他们的认知还不足以使其领悟因果法则。这也是他们不断重犯同一错误的原因。面对这一情况，身为父母的诸位会十分恼怒，因为孩子似乎从来就不会汲取教训。如果你们都有这种感觉，不要惊慌。因为在某个时刻我们都有这种感觉。要经过漫长的时间，孩子才能学会理性思考。

> 📖 当孩子们挑战你的底线，询问理由时，他们正在完成自己的成长任务。他们会向我们证明，在我们最意想不到之时，他们已经开悟。

我家莱利的班上有个女孩子就出现了这种情况，她总是违反上课期间不准打电话的班规。即使她的老师将她的手机没收，但又不得不在每天放学时把手机还给她，于是她继续违反班规。直到老师因为这一问题请来她的家长时，事情才有所改善。她的家长知道自己的女儿违反了手机在校使用规定后，没收了她的手机整整1周时间。整整7天完全没有手机，对于一个上中学的孩子来说，这是一种严厉的惩罚。她的父母还告诉她，如果再被抓到在课堂上用手机，每抓到一次惩罚时间翻一倍。无须多言，课堂上再也看不到这个女孩用手机了。这就是态度坚定的育儿方式。

因此，了解某事以目前的方式发挥作用的原因，我们便能借此更好地掌握管理该事物的方法。如果我们适当了解其运行原理，在情绪失控时我们就可以更好地控制自己。

孩子每隔几分钟就会犯下同样的错误，对他们大脑的功能进行科学解释后，发现这与神经元突触活动有关。简单来讲，电脉冲从一个神经元传导到下一个神经元，紧接着再传导到另一个，神经元突触借此在大脑中传递信息。实际上，孩子会在同一件错事上失去自制力，直到他们建立起正确的神经关联，最终让他们不再产生这种令人抓狂的行为。

事实上，**孩子发挥神经元功能的机会越多，神经的关联度就会越强。换句话说，在他们学会不再行事偏误前，他们会继续行有差池。**

> 对发动行为或者终止行为要有清醒的认识。学会新的行为并保持下去需要投入时间和耐心。改变是一个极其缓慢的过程。

实际上，这与肌肉组织的发育方式大同小异。我们不可能一夜之间生成肌肉，这需要一个过程。当我们试图教会孩子如何行事时，过程与此相同。他们做出不当选择，我们施以惩戒，让他们承担后果。渐渐地，他们会有所领悟，如果再犯同样的错误，等待他们的会是什么结果。他们会记在心中。换句话说，我们强化的是他们的性格而非肌肉。

例如，我朋友有个上五年级的儿子，他认为自己没必要为了撰写读书报告去阅读课程指定的书籍。他将这些书籍束之高阁，甚至连包封都未撕开。一次家长会上，他的父母偶然发现了他的课业情况。他们对老师毫不隐瞒，说明自己对读书报告的事一无所知，从未见过自己的儿子在家中进行阅读等。面对自己的儿子，他们告诉他第二天应该直接去学校，向老师承认他没有读过此书，不管老师给予何种处罚，都要接受。孩子

——照做了。据我所知，此后他再也不像这般搁置课业任务了。

规定界限并贯彻始终

在最初那几年里，孩子的生活经验严重不足，未能意识到自己的言辞或行事不当，因此会产生很多麻烦，多数情况下都是如此。在这种情况下，我们需要插手干预。

孩子的认知能力尚未发育成熟，对自己当下的处境毫无知觉。这意味着，父母必须规定界限，说到做到，要孩子量力而行，这一点至关重要。**我们并非真的在乎后果是什么，我们在乎的是要有违规后果。**这意味着有效惩戒孩子的关键，在于惩戒措施要一以贯之。

惩戒孩子绝非易事。没有父母想下狠心，但为了孩子和我们的幸福，这样做十分必要。孩子需要界限，需要清晰明了的界限，这有助于帮助他们辨明对错。

换个角度思考问题。如果你刚刚带回家一只狗而任由它出入不设篱笆的后院，会发生什么情况呢？

响应式课堂网站[①]认为："我们必须给孩子明确合乎逻辑的违规后果，这种后果与孩子的行为直接相关，从而帮助他们修正错误。"例如，你设定违规后果时，要确保这些后果合乎逻

---

① 响应式课堂（Responsive Classroom）是一种基于证据的教学方法，侧重于学术成功与社会情绪学习(SEL)之间的紧密联系。——译者注

辑，与孩子的错误行为密切相关，能够保护孩子的正直之心。一定要牢记，问题的关键是孩子的行为，而不是孩子本身。还要注意你的语气，这是合乎逻辑的违规后果有别于不折不扣的惩罚之处。比如，因为孩子在厨房弄洒了牛奶而让他们擦拭地板，这种做法合乎逻辑，但因为孩子扯了妹妹头发而让他们擦拭地板，这种做法就不合逻辑。如果你因为要清理孩子刚刚泼洒的牛奶而大吵大嚷，你的做法就是在不折不扣地惩罚他们了。

身为父母，我们最需要提升的地方正是合乎逻辑的做法与态度坚决地执行，二者在养育子女的过程中相伴而行。遗憾的是，并非每个家长都能保持二者之间的平衡。因为我们都是父母的结晶，是原生家庭的产物，这就意味着在很大程度上，我们如何对待孩子，会直接影响他们成为什么样的人。

家长不加思索地说出违规后果，剥夺孩子看电视的权利，或者没收电子产品，而一旦孩子坚持到底，父母反而低头屈服。就惩戒孩子而言，没有人喜欢扮演凶恶的角色。做几次恶人后，孩子对你的看法便是：你是个恶人。没有一位家长想被这么定义。但反过来，如果你始终是个老好人，次次妥协，你的孩子便会蹂躏你。他们会利用你敏感的心，以及他们认为你容易心软之事，次次击中你的要害。

这一现象每天都在发生。我观察到有几个孩子习惯性地忘记带书包、课本、作业，然后家长送来书包救场，并一次又一次发誓说这是他们最后一次为孩子救场，周而复始。他们从未让孩子接受显而易见的违规后果。

当然，低年级的孩子，接触学校生活的时间不长，他们还不能记住各项事务，所以在他们进入状态前，我们要帮助他们，这通常要坚持到他们上了三四年级。如果到这时他们还是忘记带作业，行为失当，不遵守指令，就必须为其制定违规后果。在学校，在家中，所有地方都要如此。要让这项守则一路伴随他们走过初中、高中，一直到他们能够自立为止。

不管你是否相信，孩子对于自己的控制力超出你的认知。

关于有效惩戒孩子，我们必须采取的行动归于一件事，即当孩子需要承担后果时，我们不能动摇。我们要坚持原则，且不惜代价。这就意味着我们要做到"既然这样规定，就要这样履行"。一旦话说出口，我们就必须贯彻下去。事实上，这就是具有终极意义的唯一准则。因为如果我们不能坚定立场，我们的孩子就会突破防线。如果我们在防御上妥协，就表明我们已经输掉了这场战斗。

因此，要采取一系列行动，当务之急是实施恰如其分的惩戒。记住，承担后果是为了提醒孩子何事该做，何事不该做。因为在这场博弈中你必须取得胜利，如果在确立界限时坚持原则，你赢得战局的概率会大大增加。

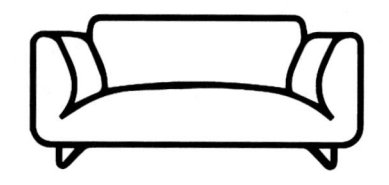

黛布拉·福克斯·詹森伯格心理诊疗室的建议

锦囊妙计：教导孩子何事该做，何事不该做，这是家长的责任。当你教育他们时，记住要条理清晰，简单易懂。你的教导非常重要，教导的内容越简单易懂，孩子们行事偏差的可能性就越小。

锦囊妙计：如果你没有采取正确的行动，孩子们会反复尝试，力图从你那里获得信息，以确认他们是否可以进行下去。记住，你可以换种方式，但你必须教导他们，一遍又一遍。从始至终都要保持愉悦的心态。

锦囊妙计：通常情况下，家长们会犯的一个错误就是，认为自己的孩子已经知晓答案。有时他们没有按照你的要求行事，或者当你告诫他们不要做某事后，他们知错不改，你可能会感到挫败，偶尔还会感到滑稽可笑。但是事情的真相是，你的孩子要让你知道，他们依然需要你的引领。让你的情绪平静下来，重新开始。

改变行为需要投入时间。一定要有耐心，改变是一个极其缓慢的过程。

锦囊妙计：你是否在自己对具体要求不甚了解的情况下，推进过某些任务？许多情况下，我们对向孩子提出的要求心存疑虑，就会令孩子很难按照要求行事。你要理清自己想要孩子习得的行为模式，一旦你清楚了这一点，你的指令就会更加清晰，传递指令就会更简明，你的孩子获得成功的概率就更高。

锦囊妙计：既存在发动行为，也存在终止行为，在向孩子提出要求时，理解二者的区别非常重要。"请你为上学做好准备，好吗？"或者，"请你开始做作业，好吗？"这些属于发动行为，是你想要他们着手去做的明确行为。终止行为则恰恰相反，比如，"请你停止和妹妹打架，好吗？"或者，"我让你停止玩电子游戏，放下手柄。"一旦你理清了行为模式，那么指令就会更容易辨识，指引就会更加清晰。

锦囊妙计：改变一个人的行为要投入时间。举个例子，你决定让孩子每天上学前整理床铺。在他们独立完成这项任务，把事情做好前，启动行为要耗去一段时间。第一步，亲身示范启动行为以及展示你希望达成的结果（铺好的床铺是怎样的，我们都明白这样的结果会让人产生兴趣。把你想看到的结果展示给孩子），借此教导孩子。第二步，接下来的时间观察孩子进行这项新活动，借由设定期望值对他们进行指导。给他们几周时间完成任务，达到期望值。第三步，温柔地提醒孩子更进一步。改变可能并不容易，可能进展缓慢，具体情况取决于要处理的任务的难易程度以及孩子的能力高低。

不管你是否相信，孩子对于自己的控制力尚不自知。

锦囊妙计：不管你是否相信，孩子对于自己的控制力尚不自知。鼓励孩子时，向他们说明调节行为的是他们自己，这一点很重要。他们有能力决定自己是得到奖励，还是受到惩罚。如果他们遵从指令，可以得到奖励。如果他们选择不遵从指令，就会受到惩罚，承担后果。记住，你只不过规定了奖励或者惩罚的内容，他们可以决定自己得到哪一个。

锦囊妙计：规定不同类型的后果有助于对孩子进行评价，随之形成自然而然的后果。例如，"你没有做到为考试而努力学习，这就是你只得F的原因。"这种情况下，他们选择为考试努力学习，考分得了B，努力学习的良性选择让他们获得积极回报；还有一类是消极后果，或者我们称其为惩罚。这种情况下，需要实施禁止行为，"请不要在街上奔跑，来了辆车！"如果你的孩子为了追到球继续奔跑，他就会受罚。你的孩子面临暂停活动的后果，因为他不听话，不管怎样都要留在室外的大街上。提醒他们，在他们选择不遵从指令时，便会面临暂停活动的后果，这是他们的选择。

锦囊妙计：孩子一直未能养成良好的自我管理能力，这是众多家长常常遇到的挑战。随着孩子的成长，我们希望他们的自我控制能力趋于成熟，逐步提升。众多家长却在这方面陷入困境。许多孩子可能在学习方面遇到挑战或者存在障碍，导致他们在自我管理方面发展受限，或发挥不稳定。在这种情况下，寻找教育资源和良好的支持系统，有助于解决养育子女过程中遇到的问题。记得不要有挫败感，并非只有你和你的孩子在寻找这样的支持系统。

第 8 章

学会放手

你不必完全断绝孩子的依赖,但你可以适当偷懒,从而帮助孩子成长。

我并不是建议让你家的中学生开立一个活期银行账户，开始在隔壁镇上租赁公寓。还没到这种地步，不用担心。大多数孩子几乎还不知道怎么给自己系鞋带。他们只是小不点，仅仅在第一次离家上学时浅尝独立的滋味。

你必须记住，孩子由蹒跚学步成长到昂首阔步，速度快得超乎你想象。如果在他们应该自己站稳脚跟时，你依然牵着他们的手，你就要承担将来孩子不能自理的风险。恕我直言，由于你行事偏误，所以他们便会犯错。

这一点与前文讨论过的培养责任感密切相关。要尽早培养孩子的生活技能。孩子身体力行的事情越多，他们对家长的依赖程度就越低。投入时间教会他们如何穿衣、系鞋带、做三明治或骑自行车，每一件事情都会转化为孩子的独立自主能力与自信心，我们也就越能达到内心平和。

> 孩子需要机会验证自己才能兼备，能够自力更生，出色地完成自认为不擅长之事。相信自己，一切

第8章 学会放手

皆有可能！

从零碎家务事着手

我们如何把握着手教授这些琐事的时间呢？事实是，孩子何时做好准备开始独立行事，很难提前预测。每个孩子都是独一无二的，会在不同的时间实现里程碑式的跨越。因此，我们不妨传授一门技能，然后观察孩子如何行事。5岁大的时候，他们可能不擅长整理自己的床铺，不过要给他们机会开始尝试，确保他们最终掌握这项技能。如果你尝试教授的技能，他们还未做好准备，那么等上半年再让他们来尝试，或者选择他们可以完成的部分来做。

我们给予孩子自我思考行事的机会越多，他们就会越独立。他们越独立，就会越自信，复原能力便越强。越早让他们在周六清晨倒入自己那份麦片，周末你睡懒觉的时间就会越多！

以下内容选自医疗网[1]，将与孩子年龄相适应的家务事进行详细分解：

---

[1] 医疗网是美国最大的医疗健康服务网站，拥有丰富的健康医疗资讯，同时也是全球医师都愿意付费浏览的专业网站。——译者注

2至7岁儿童可以承担的家务活动

- ◇ 收纳玩具。
- ◇ 给宠物喂食。
- ◇ 衣物放入收纳篮。
- ◇ 收拾泼洒物。
- ◇ 打扫卫生。
- ◇ 码好图书、杂志。
- ◇ 整理自己的床铺。
- ◇ 倾倒垃圾篓。
- ◇ 取回邮件、报纸。
- ◇ 使用手提吸尘器清理面包屑。
- ◇ 给花草浇水。
- ◇ 取出洗碗机中的容器。
- ◇ 在水池边清洗塑料碗碟。
- ◇ 摆放餐具。
- ◇ 分类洗涤衣物。
- ◇ 擦拭地板。
- ◇ 布置、清理餐桌。
- ◇ 帮忙打包午餐。
- ◇ 清理杂草、落叶。
- ◇ 保持卫生间整洁。

8至9岁儿童可以承担的家务活动

- 将餐具放入洗碗机。
- 整理食品杂物。
- 使用吸尘器清扫房间。
- 帮忙制作晚饭。
- 制作自己的零食。
- 餐后擦拭餐桌。
- 收纳自己的干净衣物。
- 缝纽扣。
- 制作自己的早餐。
- 削水果皮。
- 烹饪吐司、面包等简易食物。
- 拖地板。
- 带宠物散步。

10岁以上儿童可以承担的家务活动

- 取出洗碗机中的餐具。
- 折叠洗好的衣物。
- 清理卫生间。
- 擦洗玻璃。
- 洗车。

- ◇ 在有人监管时烹饪简单食物。
- ◇ 熨烫衣物。
- ◇ 清洗衣物。
- ◇ 临时照看年幼的兄弟姐妹（家中有成人在场）。
- ◇ 清理厨房。
- ◇ 更换床单。

鼓励孩子承担某些自己应尽的责任，借此培养他们积极、正向的自我价值观。对年幼的孩子而言，没有什么比独立自主更美妙了。不过为了做到这一点，我们必须让孩子从小事做起，比如清理自己的碗碟，把脏衣物投入收纳篮。到了中学阶段，他们便要做好准备，进一步完成更重要的事务，比如修剪草坪或者烹制晚餐，等等。

> 虽然自己完成家务更省事，但也有必要认真评估让孩子完成家务所取得的成效。

尽可能让孩子掌控全局

为了让孩子着手对自己的生活负起责任，在他们开始上学时就要鼓励他们完成琐碎却很重要的事，例如独立自主完成家庭作业、清理自己的工作空间、悬挂自己的外套。通过让他们完成这些微小而有意义的事，强力推动孩子步入自主的下一阶段。如果你每天清晨都在学校走廊与女儿依依不舍，这会妨碍她变得独立，阻碍她与外界的新朋友建立关系。如果你坚持每天给儿子穿戴衣物，他就永远学不会自己着装。

如果你和我见过的那些家长一样，一周三次给孩子送来被遗忘的水壶、家庭作业等，他们就不可能实现自立。各个学校一定都设有自动饮水机！没有人会因为没带自己不含双酚A的水壶就渴死。

在学校工作了10多年，我看到过一些错得离谱的事例，家长们就是不肯放手。诸位都知道这类父母，他们对孩子过度保护到近于病态。这些家长常常出现在孩子身旁，为他们拿背包以及立体模型，或者为他们代言，而不是让孩子自己发表意见。这样做的结果只有一个，就是培养出一个无法自立的孩子。不管你是否意识到，我们的孩子一般会从我们身上接受社交以及情感问题的线索。如果在我们开车送他们上学时，他们察觉到我们担心或忧伤的情绪，很有可能会加以模仿，同样感到担心。如果他们看到我们呆坐在车内，在路边目送他们，他们就很难毫不犹豫地走进学校。因为如果我们不愿意离开他们，他们自然也不会愿意离开我们。

记住，不要像我认识的一位妈妈那样行事，她对儿子的日程表知道得清清楚楚，设法做到自己走入前廊时，儿子恰好来到礼堂。这有些可怕，就好像她拥有全宇宙GPS追踪传感器，对儿子可以精准定位。她常常向我抱怨，如果不是与身体连在一起，儿子甚至会忘记带上自己的脑袋。平日里她总是给他送来运动鞋、科学课活页夹或午餐盒,每次都这样。孩子意识到了这一点,所以对他而言不存在需要自己做主或者承担责任的事。这些都是家长一手造成的。

> 自然形成的结果最具影响力,因为不涉及任何人控制结果。适当的提示或者设定期望值也不错,不过要知道何时应当坚持原则,这样,你的孩子就会知道他们要对结果负责。

如果你的儿子在休息时得了感冒,很可能下一次他会记得戴手套;你的女儿不会因为把作业忘在家中便从幼儿园退学。当你那上中学的孩子决定搁置自己承担的小组任务,就该暂缓一步,让他承担自己的行为后果;因未完成自己的任务导致影响成绩而惹得同伴生气,这一问题要由他自己应对。趁他们尚未小学毕业,他们必须开始自我反思,展开行动。这是我们要开始放手的时刻,因为这是让孩子获得最宝贵的经验的重要一课。

如果孩子知道我们信任他们,他们就会开始对自己有信心。他们会开始独立思考行动,去把握机会。我们要稍稍放松对孩子的管控,这一做法至关重要。因为我们不会想成为领着孩子参加第一份工作面试的父母。如何让孩子做好独立的准备呢?每一次进入新年级,都是一个里程碑事件,孩子会接触到越来越独立的生活。家长要授权他在开始驾驭周遭世界时,学习自立。

记住，家长要教会孩子如何顺利完成日常任务，培养他们的信心。这会为孩子往后的生活奠定坚实的基础，包括一切更复杂的工作以及成人后遇到的事务，如人际关系、经济管理、职业规划以及自己的家庭问题。我们释放出信任的信号，有助于他们踏上自主学习与独立思考的道路。掌握技能也会让孩子对自己能够独立完成任务感到自豪，这些都能激励孩子越来越想要自立。你可以称之为多米诺骨牌效应，因为成功带来的成就会形成自豪感，这种自豪感往往会引发孩子对更加独立的渴望。

因此，即使初始阶段可能困难重重，我们还是要尽早把握微小的机会，让孩子形成不再依附于我们的意识，转而依靠自己。这一点至关重要。

> 我们的家庭教育肩负多种使命。如果家庭教育取得成绩，就有希望使孩子展翅飞翔。家长必须抽身事外，营造空间促成此事。

身体的分离是艰难的，却势在必行

我知道没有人能完全做好准备抽身事外，让孩子掌控全局。当大女儿离开家去上学时，看着她第一次带上自己的全部用品走出家门，戴夫和我顿时喉间哽咽，那一刻的心情五味杂陈。

我记得自己好不容易才忍住眼泪，让嘴唇不再抽搐，这样她才不会看到我有多难过，其实我内心深处痛苦难当。

我们很难知道第一次该做些什么。我的大女儿身着牛仔短裙，红色小上衣，背着印花字母的女式双肩背包，看起来非常可爱。是我们两人一起带她走上小山坡的吗？（是的，我们就是那样做的。）我们牵她的手了吗？（没错，一人一边。）我在她走进教室门时哭泣不止，看上去是不是很像一个多愁善感的失败者？（没错。）她的午饭会不会变冷？如果鞋带开了，她会不会记得怎么系？在漫长的6小时里她会不会把我忘了？我自怨自艾。我不知道其他父母是不是也有同样的想法。

在分离的那一刻，我和她吻别，看着她和另外一个小女孩结伴进入教室。我回想起从她呱呱坠地，到第一次爬行、蹒跚学步，渐渐长成会自己拉外套的拉链、自己系鞋带的小朋友的这些年。回家的路上，戴夫试图安慰我，我精神恍惚说着语无伦次的话："嗯，现在怎么办？我现在该怎么办？她不再需要我了。那些小姑娘跑来和她一起到操场上玩，你看到了吗？接她回家时她甚至都不记得我了。"

一方面，我和戴夫知道他们已准备好迎接新的转型，适应学校的生活。另一方面，这种想法令人恐慌，它意味着要对孩子放手。没有一位家长希望如此。我们觉得，如果家长没有陪伴孩子，就无法保护他们。实际上，虽然保护孩子是身为家长的第一要务，但并不是说我们只有这一项责任。

与保护孩子同样重要的任务，是传授他们技能，教会他们常识，让他们离开我们时有能力自我保护，茁壮成长。为了做到这一点，我们必须知道何时置身事内，何时抽身事外，这只能靠反复尝试、不断纠正错误来做到，不会一蹴而就。每个人，不管是家长还是子女，都必须跋山涉水，一步一个脚印。这样我们才能适应身边的世界，不被击倒。

让我们正视这一事实：我们生活的世界难以预料，这个世界和我们孩提时的生活环境完全不同。还记得我们的孩提时代，人们夜不闭户，我们从早到晚在外玩闹。我们的爸爸妈妈有时甚至长达半日不知道我们身在何处。生活更为简朴，没有社交媒体影响视听，没有互联网大鳄，也不用考虑不含花生的午餐。如今，身为拥有两个女儿的母亲，看着自己的女儿步入现在这样的世界，我总是提心吊胆。放手意味着放弃某些管控，这可能会造成某种创伤。不过，学习放手意味着鼓励孩子承担责任，独立自主，应对逆境，这是独立生存必不可少的技能。

我们要开始为孩子最初几年的独立在校生活奠定基础。在此期间，我们的孩子每天都会离开我们几小时，他们慢慢开始学习如何照顾自己。这项技能，他们在生命旅程中要反复使用。孩子不得不学习在独自离家时检查自己的各种物品，比如外套、帽子、手套和背包，如果他们不留心，这些东西就有可能消失不见；学习尊重身边的每一个人，即使是那些和自己相处并不融洽的孩子；等等。这些生活技能适用于各个年级。

想想看，自我们把软软小小的宝贝从医院带回家起，我们就在教导孩子学会照顾自己，这一任务从未停止。我们把吱吱作响的玩具放在他们够不到的地方，鼓励他们爬行；我们把一堆堆麦圈放在高脚椅的托盘上，鼓励他们自己进食；我们不停地和他们交谈，跟他们沟通交流。这样，他们最终可以学会独立与人交流。

你记得自己5岁或8岁时的情形吗？如果你和我一样，你会记得自己方方面面都深深依赖着父母。他们是我们的财务经理、烹饪老师；他们给我们系鞋带，做我们的专职司机；他们看护我们，照料我们，陪我们玩闹；他们是我们的保护者。对于父母给予我们的支持，无论有意或无意，我们都心怀感激。

因此在孩子步入学校时，我们必须给予他们渴求的独立。虽然他们的老师设定了校内日常事务的标准，例如上交家庭作业、与身边其他孩子合作、团结友爱，但在孩子回到我们的管辖区域时，我们的任务就是强化以上各项独立技能。

此处的重点在于，孩子年龄越大，我们越要给他们设定规则，这样他们就可以独立处理事务。我们必须鼓励孩子完成一些事情，例如，在没有我们不间断的教导或帮助的情况下，管理自己的时间，维持友谊，管控自我行为以及整理好自己的物品。让孩子有思维行事能力，有自我辩护能力，正是我们培养健康、独立孩子的目标。只有这样，当他们走出家门，独立生活在广阔天地中时，才能茁壮成长。

第8章 学会放手

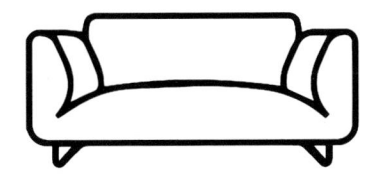

黛布拉·福克斯·詹森伯格心理诊疗室的建议

虽然自己完成家务更省事，但也有必要认真评估让孩子完成家务所取得的成效。如果你自己完成这些家务，你便错失了向孩子传授生活经验以助其形成技能的良机。孩子们需要机会验证自己是才能兼备、独立自主的人，并能出色地完成自认为不擅长之事。

锦囊妙计：人们通常认为"Z世代"连简单事务也处理不好，例如，眼神交流、握手、举止得体、料理简单事务。创造机会在家中传授这些技能，对孩子而言势在必行，以便当我们不在他们身旁时，他们的举止也能自主妥当。

锦囊妙计：自尊是一项重要的人格表现，所有幸福、健康、成功的人都必须拥有！不过自尊并非与生俱来。你交往的人，让你感觉美好的场所，你学会的所有技能，都能帮你树立自尊。你要成为帮助孩子肯定自我的那个人，你为他们营造的环境、完成的事务、传授的技能，都有助于他们肯定自我。当孩子尝试完成某事，知道自己能够胜任，并可能出色完成，这时就极有可能提升他们的自尊与自信。

锦囊妙计：对年幼的孩子来说，技能培养为精细动作和大幅度动作提升提供了机会，在推拉、堆放甚至擦拭的动作中，孩子能练就协调的全身运动技能。掌握这一技能需要经历一个过程，需要耗费一定时间。让孩子体验最终结果有助于领悟可能延迟的满足感。"Z世代"习惯于立竿见影看到结果，因为在他们成长的世界，只需按下按钮，或者刷一下卡即可解决一切。当完成一件事要付出努力，保持动力，投入实实在在的精力时，"Z世代"会发现自己很难兼备这三点以顺利过关到达终点，而完成家务事就是传授这些技能的好方法。

锦囊妙计：功成名就的成年人可以融洽地与他人合作，顺利地接受指令，严谨地约束自我。依据这一标准，每周六或周日布置日常家务活动，给孩子机会参与团队合作，按照指令行事，达到期望值。你要以身作则，参与其中。他们通常不知道如何完成简单事务，所以一家人一起劳作，清理院子中的树叶也是个好办法。主动提供机会，享受过程，提供支持，给予鼓励，并对整个活动过程进行褒奖，孩子们会获得一种成就感、满足感。为了让孩子最终能驾驭生活，这种体验不可或缺。

锦囊妙计：要知道，在培养孩子的过程中，坚持原则的时机与场合并非一门精细科学，然而，在养育孩子的过程中，解决这一问题对于训练孩子具有积极影响。决定孩子的任务何时结束以及何时开始，未必是件难事。一旦向孩子提出条理清晰的要求，你就必须抽身事外，放手让他们尝试。看一看你发出的信息是否被接收，采取的行动是否奏效。如果我的女儿在收到温馨提示后依旧忘记把运动服放入背包，她就可能要为此承担后果。整个过程你必须抽身事外，任其发展。

锦囊妙计：旁观自己的孩子遭遇失败，或心情沮丧，你是不是觉得很煎熬？但是成长就意味着要独自感受成功与失败。如果孩子忘记把连指手套带到学校，他可能体会到失落的感觉，不过他再次忘记带连指手套的可能性就会减小，因为无须你插手，他亲身体验了这一过程。记住，如果你悄悄把连指手套放入他的背包，他就会认为这就是解决方法，妈妈能完成的事，何必还要自己费心？

我们的家庭教育过程肩负多种使命。如果家庭教育取得成功，就有希望使孩子们展翅飞翔。家长们必须抽身事外，营造空间促成此事。

锦囊妙计：不管你是否相信，家长的目标就是建造一个鸟巢，把小鸟放入巢内，待小鸟长大，羽翼渐丰，目送他们展翅飞离，在需要休息时回巢。在这之前我们必须帮助他们丰满羽翼，才能使其展翅高飞。家长们，就像我们在经营成年人的生活一样，有一天我们的孩子也要这样做。如果我们不能促成这一切，我们的孩子就可能无法成功起飞。结果是，对家长的依赖会导致孩子拥有一个不健康的未来。

锦囊妙计：放飞孩子的过程的确深受放飞之人的影响。作为由原生家庭抚养长大的成年人，要花些时间来确认自己走过的人生之旅。振翅飞翔是否困难？前行之路是否艰难？是否有人阻碍你前行，或者贸然推你前行？长大成人的你是否想重回儿时的巢穴？是否想要重返青春，忆起那些欢乐时光？如果这些问题戳中了某些尚未解决的问题或复杂的往事，可以寻求专业精神治疗师的帮助，以便你妥善处理问题，这样你就可以顺利地帮助自己的小鸟起飞了。

锦囊妙计：回溯自己的原生家庭，它对于你现在的家庭有何影响？我们常常在成年生活中复制孩提时代的经历，还有一种情况，就是与孩提时代的经历背道而驰。不管哪一种，我们都将自己的体验汇入崭新的成年生活之中。你是否有一位深居家中的家长，充当全职司机、厨师和管家？是否有一位家长总是忙于工作？正如本书讨论的，孩子在观察我们，进行学习，最终影响到他们的未来生活。花些时间和自己的配偶讨论一下各自在家中应该扮演的角色，探讨这种角色会如何影响你们家庭的发展过程和最终结果。

第 9 章

停止拿自己的孩子与他人比较

> 学校是个神奇的场所,但是与各种比较相伴而生的可能是有害影响,所以应对此有所警觉!

拿自己与身边的人作比较，这是人们的本能。我们中很少有人不曾动过一丝的比较之念。我们对自己的评价是高是低，或是拿最好朋友的情感经验和自己的婚姻作比较，无论如何我们的确有将自己与他人进行对比的倾向。遗憾的是，我们把孩子送到学校后，这种对比的倾向有了上升之势。

当我们的孩子开启了一个全新的世界，你会发现这里有众多的人事可供比较。当我们的养育模式与其他家长的不同时，或者我们的孩子与身边的孩子学习、发展进度不同时，你可能自觉处境变得十分危险。

如果你想体验到孩子在校取得发展的喜悦，帮助他们健康成长，就要避免落入拿自己孩子与其他孩子作比较，或将自己与其他家长作比较的陷阱。同样，孩子离家去学校，让他们接触身边会对他们产生有益影响的事物，你要悦纳这一状态，不再拿孩子的学习状况与身边孩子的作比较。要理解他们在校的成长之路，因为每个人的成长曲线都有所不同。

请接受已将两个孩子送入宽广天地的一位妈妈的建议，你能为自己和孩子所做的有益的事,就是庆贺他们取得的成就。因为当你高度关注他们身边其他人的行为时,会引起孩子的紧张焦躁,学习的过程会转为负面体验,而不是应有的积极体验。

> 家长是孩子的第一任老师,但是教育不只是家长的责任,家庭、学校都要承担起教育孩子的任务。我们培养的不仅仅是孩子的某一方面,而要让他们在学业、社交、情感以及品行诸方面全面发展。

幼儿园奠定基础

你家儿子不可能幼儿园毕业就知道量子理论。如果他知道,那么你可能要考虑送他直升二年级,甚至送他进研究院。较之于入园时的状态,大多数孩子幼儿园毕业时应对生活的准备会充分得多,对他们抱有这种期待更切合实际。这是因为如果你对技能加以分解,就会发现孩子在入学第一年习得的技能,是其一生中不可或缺的基础技能。

想一想,多数孩子幼儿园毕业进入一年级时,他们已经学会辨认字母表、书写文字、简单造句。更重要的是,他们能与身边的人进行合作,学会这一切大约用了180天。在我看来学习这些内容相当耗时费力,有些孩子不能全部领悟,还有些孩子学习超前,这很正常。

诚然,有些孩子在踏入幼儿园的第一天就已经掌握了许多知识，或者至少掌握了部分内容，但是大多数孩子是在他们入校第一学年里完成这些技能的学习操练的。正是这些基础生活技能为日后的方方面面奠定了基础。他们在课堂上学习所有日常事务的细微差别，比如举止得体、懂得分享、尊重他人等，最终这些技能会慢慢融入自己的家庭生活。这能使家长轻松许多，因为除家长之外的其他人对孩子进行了强化训练。

关于孩子对身边信息的接纳程度有多快，询问任何一位真正投入时间陪伴在年幼孩子身边的人，他的回答都会让你惊叹。没有哪两个孩子接纳信息的速度完全相同，不过他们都学习了很多知识和技能。这一切我都有一手观察资料。多年来，我见证了无数孩子的转变，在入学最初几年里，他们的转变令人震惊。这是因为许多孩子刚入园时甚至无法完成很简单的事情，比如安静地坐在桌旁，从工艺美术课切换到音乐课的上课状态。但到了6月，他们中的多数人已经发展到这样的阶段：他们可以顺利地在不同的活动中进行切换，与自己的老师、同伴合作，进行创新性思维活动。这正是幼儿园以及入学最初几年对孩子的发展至关重要的原因所在，因为他们学习的基本技能，是适应外面世界的必备技能。

学者罗伯特·富尔格姆曾列出以下孩子在幼儿园学习中需掌握的部分技能，请仔细浏览，然后将其运用到你的日常生活中，不管是你的家庭生活，还是身为家长的生活，抑或职场生活。

第9章 停止拿自己的孩子与他人比较

- ◇ 将诸事进行分享。
- ◇ 公平行事。
- ◇ 不要攻击他人。
- ◇ 整理被自己弄乱的东西。
- ◇ 不要拿他人的物品。
- ◇ 伤害他人后要道歉。

此外，麻省理工学院媒体实验室的研究者也表示，幼儿园的学生彼此之间讲故事、建堡垒、画画，他们发展并改善了创新性的思维能力与合作能力，准确地说，是取得成功以及满足未来需求所急需的能力。

坦白地说，我认识的某些成年人已经忘记，正是我们年幼时学习的那些基础技能，为我们成年后的生活和人际交往奠定了基础。

为此，孩子们开始求学时，如果他们没有马上领悟所有内容，你要保持冷静，因为多数技能需要投入时间才能掌握。你的孩子可能擅长在厚纸板上涂涂画画，环座听课方面却很勉强。作为家长，你一定要避免参照班中其他孩子来评价自己的孩子。你要相信，孩子们都会以自己的节奏找到最佳状态。这正是我们期待他们做到的。我们所有人都应学会这样做。我们应冷静下来，放手让孩子按照自己的节奏成长。我们越早认识到这一点，我们就越能获得幸福。

> 尝试理解孩子这个独立的个体。拿孩子与他人作比较会引起不必要的紧张担忧。在孩子的成长过程中，要同时考虑名次以及进步速度。花些时间了解其中的差别，这样你才能满足孩子的需求。

孩子们会以自己的节奏找到最佳状态

孩子在初次体验学校生活时，每天要与我们短暂分离，尝试适应不同的日常活动，结识众多的陌生人，感受陌生的体验，仅仅这些就给孩子平添了许多压力。他们最不需要我们做的事情，就是将他们与身边的孩子作比较，评判他们适应环境的能力。这会造成我们与孩子的紧张焦虑情绪。

我们有压力时，不管多么努力地加以掩饰，我们的孩子都能感受到。大多数时候，他们能一眼看穿我们，我们试图掩藏自己对他们的关注时也是如此。就像在我们恐慌、忧郁或者生病时，我们的宠物能感知到，而孩子也能感知到，不同的是他们可以开口说话。

一旦我们发展到以其他孩子为衡量基准的程度，我们就不再赞赏自己孩子的一切表现。这可以视为一种警告，因为一旦你公然拿孩子与周围的人作比较，他们就会开始采取同样的行为。不断参照他人来评价自己比其他事情更能伤害一个成长中的孩子。这样做既耗费精力，也毫无意义，而且会塑造一个严重缺乏安全感的孩子。

记住，学校和现实生活一样，总有人比我们和我们的孩子更优秀。但作为家长要尽早接受这一现实，这会帮你摆脱挫败感，不再抱有过高的期望，也会让大家避免坠入试图达到标准的陷阱。孩子在学校的最初几年里，要指导他们避开这一陷阱。随着孩子从小学升入中学，再进一步深造，达标测试会变得越来越多。如果现在我们帮助孩子避开这一陷阱，他们长大后也能更轻松地做到。

随着我们的孩子升入初中，再进入高中，对于何人是"聪明的孩子"，何人会成为"运动选手"，所有人的意识都增强了，对于大多数孩子而言，竞争开始白热化。如果孩子未能领会如何审视每个人的长处与不足，可能会导致他在某些重要方面缺乏安全感。

一旦你接受这一观点，即每个孩子不尽相同，他们都在按照自己的方式、进度发展，那么你就领先了一步。脱离现实向孩子施压，或者为孩子设定不切实际的目标，都会极大地干扰孩子的发展进度，引发灾难性后果。但是鼓励孩子坦诚面对自己，使孩子感受到你支持他们的决定，他们就能飞抵天际。

鼓励与压力之间只有一线之隔。保持正确的立场是家长的责任。因为一旦你告诉自己的孩子该选择哪项运动、演奏哪种乐器、学习哪门语言、和哪些男孩或女孩交朋友，你就剥夺了他们自行解决问题的机会。家长没有学会倾听他们内心的声音，没有发现他们所爱之事，反而是他们要学习如何取悦家长，这对彼此来说都没有好处。

> 我们要鼓励孩子，激发他们的激情，让他们产生表现优异的动力与渴望。鼓励与压力之间只有一线之隔。寻求二者之间的平衡可能很难，但还是要花些时间弄清楚二者之间的差异，因为是鼓励还是施压，会产生截然不同的效果。

这些对家长也完全适用

我们还需要避免另一件事，这件事和避免参照其他孩子评价自己的孩子同样重要，那就是不要参照其他家长评价自己。尤其是当孩子步入校园，你置身于形形色色的家长之中时更是如此。克制这种想法，因为它会令你每次做决定时都思虑再三。更毋庸说，将自己与其他家长作比较永远不能让你成为更加优秀的家长，也无助于你保持头脑冷静。

我知道，这很难做到，因为当你开始日复一日地接触其他家长和孩子时，参照其他人评价自己及自己养育模式的欲望就会高涨。你了解到太多不同类型的家长以及他们教养子女的方式，这将不可避免地导致我们质疑自己培养孩子的方式。你会发现自己会尝试其他家长的方法，期望自己达到同样的效果。有些方法有效，而有些方法会失败。

一旦我们将自己与身边的家长进行对比，我们便会开始质疑自己对待孩子是否足够严格，或者足够宽松。这会导致我们盲从他人奏效的模式，在培养孩子方面做出错误决定。正因为如此，我们要克制从众的想法。凡事因人而异。每一个孩子、每一位家长、每一个家庭都截然不同。

一定要记住，当我们开启这一耗时漫长、精彩绝妙、间或富有挑战的旅程，家长需要学习的内容之广与孩子要学习的没有区别。没有所谓的坦途。对孩子有益的事情，就是由衷地为他们成长为独一无二的人而庆贺，支持他们尝试寻觅自己的道路。这就意味着要给予他们探索身边诸事所需的勇气；意味着给予他们自由度，允许他们跌倒、失败、进行选择。试问其间你是否需要给予他们指导？当然需要。你是否应该掌控全局？答案是否定的。不过你可以在以下方面提供帮助。

◇ 向孩子征询他们的兴趣所在，鼓励其加入团队，进入社团，参加活动或者选学课程，帮助他们寻找机会对兴趣点进行探索。
◇ 消除他们的疑虑，即使遭遇失败，也要叮嘱其放平心态。
◇ 如果孩子不能确定自己的兴趣所在，如果有什么事情可以点燃他们的激情，主动让他们置身其中。
◇ 支持孩子的选择时，要慎重考虑自己的措辞，积极采用正向强化以及建设性的反馈进行引领。
◇ 即使担心失败，也要鼓励孩子走出自己的舒适区。
◇ 孩子在进行新的尝试之时，使用一些积极反馈进行引领，比如："即使你在进程中遭遇了一些障碍，但你没有停下脚步，最终抵达了比赛的终点，你很棒。"

- ◇ 关注他们取得了多少次成功，而不是遭遇了多少次失败。
- ◇ 在探索自己喜爱与不喜爱之事时，让他们发挥主动性。
- ◇ 提醒孩子做事要坚持到底，例如，学习一门课程、从事一项运动或参加一项活动，因为有时我们不会立即沉迷其中，需要经过一段时间才能被激发出热情。

在孩子尚未成人之时就赋予他们权利，自己的事情自己做决定，为自己的行为承担后果，这是我们给予孩子的最好礼物之一。

我们送孩子离家步入校门时，便开始为他们的学习生涯助力了。我们的孩子不会突然成为一名天才。所以，如果三年级的孩子带回家的成绩不是门门优秀，或者是没有带回学校给予的其他奖励，你不必惊慌失措。我们必须提醒自己，他学习到的内容远远超过成绩单上显示的分数。记住每个孩子皆是与众不同的，正如每位家长也各有特点。我们有自己的行事模式、独一无二的优势，因此，只需鼓励孩子多多尝试，看看哪一项活动最适合自己。以后，他们一定会为此心怀感激。

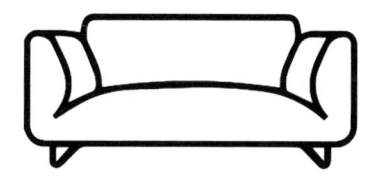

黛布拉·福克斯·詹森伯格心理诊疗室的建议

家长是孩子的第一任老师,但是教育不只是家长的责任,家庭、学校都要承担起教育孩子的任务。我们培养的不仅仅是孩子的某一方面,而要让他们在学业、社交、情感以及品行诸方面全面发展。

锦囊妙计:观察孩子的成长发育,你需要从以下四个方面进行思考。

孩子求学期间,我们通常全心关注他们的在校经历,也就是所谓的学业经历。提到他们的学业经历,我们需要考虑的不仅仅是某一年级取得的成绩,还希望关注他们在技能方面所处的阶段,他们属于哪一种类型的学习者,他们对哪些领域感兴趣,喜欢学习哪方面的内容,是否有一门学科比其他科目更难以攻克。我们可以盘查孩子一年来的经历,更好地了解他们在学业方面的长处与不足,以便在他们为下一学年做准备时发挥作用。

接下来,要对他们社交方面的表现有所认识,这包括他们是否在不同场合下与同龄人建立联系方面取得了成功，他们是外向性格还是内向性格，他们倾向于和他人一起玩闹还是更多时间独处。在学校里他们扮演的角色可能与在家时有所不同，看着他们的能力在不同的环境中得到提高，这件事非常有趣。

孩子在情绪方面的表现需要我们投入关注。他们在学校的表现如何？他们是扬起头微笑，还是低着头找蚂蚁？他们是否充满信心并自我肯定？在进行分享时，他们是否参与其中，是悲伤还是愤怒的情绪更明显？孩子的情绪健康会在方方面面影响其一生的发展，所以对于他们可能产生的情绪，家长要有所了解。

最后，还需要关注孩子的行为举止。孩子常常会通过言语或非言语行为进行交流。观察他们是否有能力解决冲突，参与解决问题的过程。他们是咄咄逼人还是退缩一旁？他们能否安坐下来全心学习？他们是否尊重他人的私人空间？花些时间进行观察，这样才能更好地了解孩子的需求。当你对孩子进行全面教育时，他们所有的情况都要予以考虑。如果你已经关注其中一方面，或者上述各方面的信息，那么继续观察孩子生活中的相关人事，从而收集信息。

锦囊妙计： 与亲戚和其他家庭一起努力有助于你换个视角看待如何与同一阵营的人携手培养孩子。不要害怕提出问题，对你的孩子在学校的情况要抱有好奇心。教室是他们的第二个家，他们每天在那里度过6个小时。有时他们的老师以及同伴与他们相处的时间比我们还要多。如果你关心教室环境、班规班纪，那就把这些事情搞清楚，这样你就有可能帮助自己的孩子取得成功。将孩子发展的方方面面纳入考虑范围。如果你有任何担忧，要向他人征询意见，在校期间孩子的老师就是你的眼睛，询问他们观察到的情况以及亲历的事情。了解一切可以帮助你评估某一环境是否适合孩子学习，确保孩子所在的学校是满足他们需求的适宜场所。

在孩子的成长过程中，要同时考虑名次以及进步速度，花些时间了解其中的差别，这样你才能满足孩子的需求。

锦囊妙计：你是否还记得自己作为孩子时是如何读书的？有人在学前班学习阅读，而有些人在幼儿园学习阅读，还有人是在一年级或者二年级时才学习阅读的。从长远来看，只要最终掌握了技能，何时开始学习并不重要。当你发现自己陷入相互攀比的泥沼时，就要抽身而出。随着孩子的成长，他们的阅读能力和对其他技能的掌握程度会相应提高。

我们要鼓励孩子，激发他们的激情，让他们产生表现优异的动力与渴望。鼓励与压力之间只有一线之隔。寻求二者之间的平衡可能很难，但还是要花些时间弄清二者之间的差异，因为是鼓励还是施压，会产生截然不同的效果。

锦囊妙计：当你用友善的言辞或行为鼓励孩子，孩子完成某事的动力就更足。就像当有人鼓励你时，你的内心会感受到温暖，你会充满热情。

锦囊妙计：我们希望一切条件都对孩子有利，我们的初衷往往是支持他们，却在尝试给予帮助时起了反作用。我们的言行举止会转化为压力。唠叨不停，要求不断，甚至逼问孩子一些事情，我们中有多少人是这样做的呢？对此，我们必须谨慎，不要让我们提出的要求充满负能量，在孩子必须完成或尝试完成某事时，阻止或者约束他们。在面临压力时，人们可能感到内心沉重。注意你的言辞，帮助孩子，而不是伤害他们。

作为父母要时常反省。我们要常常回想孩提时代发生在自己身上的事。童年时有人鼓励你吗？轮到你上场比赛时，你的家人是否兴奋得跳了起来？他们的鼓励是否成为你做到最好的动力？你是否为自己感到自豪，想尽可能做到最好？如果你在点头，没错，你体验到的就是鼓励。

你输掉比赛时的情况又如何？是否有人为你难过？因为你知道父母会沮丧失望，你是否会为此担忧，垂头丧气？"我永远不会再这样，因为我的父母认为我会赢，我无法忍受失败的感觉。"你是否有过这样的想法？这种感觉就是压力。如果你试图向孩子施压以推动他们取得更好的成绩，那么要花些时间帮自己改变这些想法。

第 10 章

接送孩子要迅速，就像撕掉创口贴

在你徘徊逗留时，孩子也会流连不去，最终没有人能够离开。

在前文中，我们讨论过要适当放手，这样我们的孩子才能学会独立，学会更多知识，以及学校在孩子的学习过程中发挥着关键作用。这意味着孩子要习惯全新的生活方式——对很多人而言，适应这种分离是必要的，对我们或者孩子而言却绝非易事。

步入一个全新的环境，孩子通常会表现出两种截然不同的反应。有些孩子会悦纳这种改变，而另一些孩子会像斗牛犬一样攥着你的裤腿，怎么也不肯放手。这简直是一场恶斗！关于哪些孩子会做出哪种反应，只有经历过才会知道。

> 父母对孩子的影响超出想象。他们看得到的回应就是我们的神情，理解这一点非常重要。要谨慎处理你的情绪，当你开车送他们上学，在他们跳出车门时，如果你看起来伤心难过，他们也会受到感染，同样感到难过。

第 10 章　接送孩子要迅速，就像撕掉创口贴

只需转身离开

当我们的儿女转过身，高高兴兴地跑进教室，我们能为他们做的最佳决策就是转身离开。只要我们离开，他们就有可能找到自己的路。

当你的儿子抱着你的腿，仿佛抱着飓风中的一棵大树时，你要把他拉开，鼓励他去交朋友，加入某支球队，或者发掘某项爱好。如果他挣扎不休，你还是要转身离开。孩子开始学习自立，尝试依靠父母之外的人时，我们得想办法让自己坦然接受。

即使已经习惯了形影不离，我们还是得着手剪断与孩子难以割舍的联系。我们不必将联系完全斩断，但必须做好斩断的准备，最终帮助孩子变得独立。

给予孩子适当的空间，促其学习独立思考，这件事说起来容易做起来难，却势在必行。掌握分离的方法，便向促成此事迈出了一大步。**不管是第一天去幼儿园还是上七年级，你必须知道如何道别。**分离的焦虑感并非只有蹒跚学步年纪尚小的孩子才有，10多岁的孩子也很容易受其影响。

问题在于，你是轻轻地拍打女儿的小屁股，推着她走向教室的门，还是延长痛苦的道别时刻，直到她准备离开你？

答案就是，你要离开！动作要快！跑步离开！因为如果你不走，她就不愿离开；如果她不愿离开，那么情况就有可能变得更糟糕。

我年复一年在小学教室以及接待处工作,我见过送孩子上学造成的轩然大波。从妈妈流泪哭泣,孩子尖声叫喊,到他们拍着地板情绪失控,抓住教室门大发脾气,等等,各种你能够说出的情况,我大概都见过。

例如有一个四年级的小姑娘,她所在的班级就在我的班级楼下。从周一到周五,每天清晨她都不肯下车,她会抓着安全带,或者拉着车门,以此方式拒绝走进学校。为此她的家长极其被动,任由她决定要发多久的脾气。大多数的日子里,她的爸爸精疲力竭,不得不费力地把她拖进教学楼,这样他才能去上班。讽刺的是,她一走进教室就正常起来。这是经典的事例,足以说明,让孩子为自己的行为负责是多么重要。

我们换个角度来讲,你试过慢慢揭下创口贴,对不对?这痛得要命,常常会留下一道红色的疤痕。但是快速把它揭下来,只会感受到瞬间刺痛,然后一切就结束了。这和孩子分离的道理基本相同。我们越是拖拖拉拉地道别,放手离开就越痛苦,留下的情感伤疤就越大。

或许在这方面你很幸运,与孩子一起时没有遇到这些由分别引起的问题。如果你尚未体验过这种时刻,就当作你幸运吧,因为分离的焦虑感会让人压力重重。

但现实情况是,即使目前你避开了这颗子弹,也很难每次都避开。我们都知道,养育子女不是直行道,事情发展的方式和心理课上讲授的内容并不完全吻合。原因在于,虽然某些里程碑式的事件或行为在特定阶段出现得更为频繁,但并不意味着只属于那个年龄段。你很快就能领会到（如果你尚未做好准备），任何事情随时都可能发生。因此我们不得不尽可能做到机智灵敏地应对不断变化的情况。

对于分离的担忧随时都可能以各种方式出现，孩子黏着你，紧贴在你身边，害怕陌生人，这段时期应对起来相当棘手。虽然这个阶段通常只是暂时的，不过在青少年时期还会出现。设法解决十几岁孩子的这种焦虑感同样艰难，因为年龄较大的孩子可能出现的分离焦虑感会有各种表现——胃疼、头痛、失眠或无端恐惧。从年幼时开始，帮助孩子领悟到和爸爸妈妈分开虽然很不容易，但却可以做到，这才是比较好的办法。

谈到分离焦虑的问题，你必须了解，即使我们知道自己总会回来，但我们的孩子却不这样认为。反复对他们讲明道理并不能令其强烈的焦虑感降低，也不能让他们相信你会回来。因为孩子大脑神经的发育程度还不足以理解我们所说的话的真正意义，他们受强烈惊恐情绪的影响，对很多事情还无法进行逻辑分析。

我并不会因这种茫然失措而责备孩子，因为我们要明白一点，自孩子出生以来我们就是他们投奔的核心。我们给他们喂饭，陪在他们身旁，给他们穿衣服，抚养他们长大，现在我们要收手，让他们和陌生人共度时光。说实话，我也会因为要面对这些改变而伤心失望。可以想见，离开我们会让他们心生怯意。一直以来我们都是他们的保护伞，我们都知道放手有多么艰难。不过你会注意到，这件事可以做到，否则，我们就会在城市各个角落看到大量的高中生拽着破破烂烂的保护伞。

> 对于大多数蹒跚学步的幼儿和已届学龄的孩子来说，分离焦虑是一个普遍存在的现象。这种体验会让人心情不悦，不过通常情况下不会持续很久。以确保自己的情绪不致成为阻碍为前提，家长可以更加轻松地和孩子道别。

分离焦虑通常只是短暂的现象，换句话说，这是一个阶段。我们会深陷其中多久很大程度上取决于我们的自我控制能力。

我猜你可能会说，这是我们第一次做父母。还记得孩提时代我们玩过的眨眼睛游戏吗？这个游戏中，我们的眼睛要尽力保持睁开状态，不管发生了什么，都要第一时间克制眨眼睛的冲动。虽然我们的双眼会灼痛，但是我们不甘示弱。我们会因坚强而受人敬佩。如果我们取得胜利，我们便赢得了尊重。

那么，送孩子上学时安抚一个伤心哭喊的孩子是这个游戏的进阶模式，目前"对手"只有我们的孩子。如果第一时间眨了眼，我们便失去了游戏的获胜机会。**如果我们是最早屈服的人，那么在那一瞬间孩子就会领悟到他们可以打败我们。**游戏就此终结。

目前我们唯一的任务就是说服泪眼汪汪的孩子，向他们保证，放学后我们会在校外等待，如约而至。就这么简单。

日复一日,我们的孩子会看到我们回到这里,正如清晨开车送他上学一样,我们称其为正向强化。相信我,这一招绝对奏效。

如何应对眼泪

我们要警惕一个陷阱,即我们的孩子早早就在生活中学会利用我们的爱达成自己的意愿。他们很清楚何时挥洒几滴眼泪就能实现自己的愿望,而且一有机会便动用这种力量与我们对抗。因此,你在校门口刚要转身离开他们时,往往就会看到他们开始泪如泉涌。只要你狠下心来,坚持把他们送到校门口,你和孩子就会顺顺利利渡过此关。

为什么有些孩子不用道别,而有些孩子生来就比别人更易焦虑?有人是天生的游泳健将,有人音色优美,有人外向,还有人性格保守。这可能是遗传使然。虽然孩子行为的某些方面属于生理现象,不过大部分行为与家长及其培养方式有关。如果我们大喊大叫,孩子很有可能也会大喊大叫;如果我们伤害他人感情,孩子很有可能也会伤害他人感情;如果我们令人生厌,孩子很有可能也会令人生厌;诸如此类。如果在与孩子相处时,我们努力做到冷静理性,他们会在一段时间后意识到这一点。家长在孩子身边保持积极的心态,有助于让焦虑的孩子放松下来,对父母和孩子来说,这种方式都简单易行。

陪伴式成长：不完美小孩养成记

提醒孩子，即使我们没有在一起，我们依然记挂他们

　　孩子在校期间，我酷爱写便条，现在还是如此。我从妈妈那里学会这些，在我的孩提时代，我妈妈会在我的午饭时间给我传送饱含关爱的简短便条。我喜欢她的这些短信息，因为当我们分开时，这是我和她进行沟通的方式。这些信息告诉我，妈妈一整天都在记挂我。我至今还会给我的女儿写便条，即使她们有时承认得不情愿，但也都坦言很喜欢这一方式。

　　🛋 对每个人来说，转型都不容易，不管是清晨从床上爬起来出门上学，还是由家长送到学校，来到自己的座位。父母要花些时间观察孩子完成转型的方式，看看他们为更轻松地实现转型而可能形成的需求。

　　为了让孩子实现从家到学校的转型，父母要腾出更多的时间举行清晨仪式，这样每个人都能保持轻松愉快的心情。如果清晨走出家门就压力重重，那么这种压力会带进送孩子上学的全过程，汇入一整天的生活。如果孩子常常提前到校，比多数孩子到校的时间早一些，那就多等几分钟再离开家，确保孩子能和同学一起等待上课，不需要向你求援，与朋友们一起开启在校的一天生活，道别就会更容易。

加在他们午餐里的便条，温馨简短的道别，这些会让我们还有孩子更加轻松地应对由日常学校活动以及其他活动引起的转型。

教育子女的全部要义就是坚持到底，心口相一，至少大多数时间要做到这一点。成功的家长几乎总是用行动来证明自己在坚持原则，只需做到几次就能让孩子意识到我们是认真的。**不管他们是否意识到这一点，有底线，有界限，会让我们的孩子如鱼得水。**

在现实生活中，开车送孩子上学，孩子与父母难舍难分的场景如果不能善加管控，就可能令人身心俱疲。不过这很正常，多数情况下，这种状态不会一直持续下去。要相信孩子有自立能力。一旦孩子成熟一些，形成了自己的应对机制，他们就会意识到我们会准时在那里接他们回家，分离带来的冲突就会自行消失。

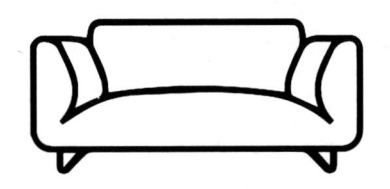

黛布拉·福克斯·詹森伯格心理诊疗室的建议

父母对孩子的影响超出想象。他们看得到的回应就是我们的神情，理解这一点非常重要。要谨慎处理你的情绪，当你开车送他们上学，在他们跳出车门时，如果你看起来伤心难过，他们也会受到感染，同样感到难过。

锦囊妙计：你是否听说过"眼睛是心灵的窗户"这句话呢？通过你的双眼向外界传递的信息，传达了你内心的情感。面对面的交流提升了理解另一方情感的概率。现在请想象一下，一个年幼的孩子看到你的面部表情后的理解和释义。如果他们看到妈妈在自己进入幼儿园的第一天就泪如泉涌，他们可能会认为自己会让你伤心，所以孩子就会担忧。如果你微笑，他们就会毫无顾虑地进行下去。

锦囊妙计：读懂面部表情，是孩子需要学习的一项重要技能。能够读懂面部表情的孩子，会更加成功地结交朋友，顺利地应对不同场合。我们要在娱乐时间或者聚会时间进行示范练习，帮助孩子学会读懂他人的面部表情。

> 对于大多数蹒跚学步的幼儿和已届学龄的孩子来说，分离焦虑是一个普遍存在的现象。这种体验会让人心情不悦，不过通常情况下不会持续很久。以确保自己的情绪不致成为障碍为前提，家长可以更加轻松地和孩子道别。

锦囊妙计：如果你家中有个蹒跚学步的幼儿或者已届学龄的孩子，分离就是件非常棘手的事。然而，有些时候可以将他们不愿意分离视为一种良性信号，即你的孩子对你有着健康的依恋之情。这种情况下，只要迅速简单地道别，这种折磨就不会拖延太久。

> 对每个人来说，转型都不容易，不管是清晨从床上爬起来出门上学，还是由家长送到学校，来到自己的座位。父母要花些时间观察孩子完成转型的方式，看看他们为更轻松地实现转型而可能形成的需求。

锦囊妙计：在孩子的生活中总是充满各种转型。听从指令，专注任务，与同学保持同步，这些都非易事，因此，帮助他们领悟这些内容可能大有帮助。列出清单，或者使用计时器，帮助孩子记住自己应做之事，注意把握时间。你让他们实践的机会越多，他们就会更加顺利地跟上同龄人的进度。

锦囊妙计：花上一些时间，观察成年人如何应对转型。你是否设定闹钟提醒自己要去某个地方？你是否习惯性遵守时间？或者你是否因为无法从某项活动中脱身，所以迟到？家长是什么样，孩子就会是什么样。确保自己也在进行时间管理，在行动上以身作则，这样一来，良好的习惯带来的影响可能让你大吃一惊。

锦囊妙计：我们生活在快节奏的社会中，偶尔慢下脚步很重要。投入时间，尽己所能给予孩子他们所需的一切，这样他们就可能成功地与你分离。

第 11 章

鼓励孩子朝新的领域拓展

不要担心孩子有更多的社交活动……

你们永远都是他们的爸爸妈妈。

由于孩子在学校，与同学、老师等新的面孔相处，你可能会有危机感，这完全是正常现象。这些新的人际关系对孩子产生的影响还未可知，这让人心生恐惧，对父母和孩子而言都是一样。不过你要相信，父母不会被替代，孩子需要拓展自己的世界，尽管父母更愿意把孩子包裹起来，让孩子成为父母的专属。

事实上，一旦孩子长大，父母就要鼓励他们接触外面的世界，即使他们日渐独立时你会感觉他们会渐渐把你遗忘，但这并非事实。事实上，当我们鼓励孩子去结交新朋友时，大家都会受益，因为我们正在帮助孩子培养社交技能，他们需要这些技能打造自己的小圈子。我们要确保当我们不在身边时他们不是孤身一人。

作为家长，我们要明白自己不再是孩子生活中仅有的选择。一旦孩子开始上学，当看到他们每天都在接触陌生人，我们就要清晰地意识到这一点。

第11章 鼓励孩子朝新的领域拓展

每个人都要找到自己的圈子

记住，友谊对我们大有裨益。同样，孩子也需要各种各样的陪伴以及影响，以激励他们实现情感、智力以及个人的成长。如果没有来自外界的影响，孩子就无法真正学会人际交往，领悟如何成为合格的朋友，如何变得有耐心和友善，如何依次行事，如何与身边人合作。即使孩子不必成为所有相识之人的挚友，他们还是要置身形形色色的人群中，做好准备迎接现实世界中的生活状态。父母不要过于担心被人替代，因为不管有多少人走进孩子的生活，父母一直是孩子的首选。

在人生的各个阶段我们都会不断地与陌生人交流，所以父母应尽早教会孩子生活技能，搭建他们向新领域拓展以及建立全新社交关系的通信纽带。当孩子投入广阔世界时，就会准备得更充分，依靠自己处理好人际关系。

> 人际关系对于保证孩子的身心健康非常重要。我们越早教会孩子这项技能，让他们朝着新的领域拓展，构建新的人际关系，他们就会准备得越充分，去应对未来生活中自己的人际关系。

关于孩子拥有朋友的重要性，具体有以下几点：

◇ 提升孩子的交际能力，树立自尊、自信。

- ◇ 他们会领悟到，朋友会给予他们支持。
- ◇ 维持友谊并不容易，因此它能教会孩子如何处理冲突，应对逆境。
- ◇ 他们会遇到同龄人，一起分享自己的喜好、梦想等，这会缓解他们孑然一身的孤独感。
- ◇ 长大后他们拥有可供追溯的童年回忆，回忆与朋友一起度过的欢乐时光。
- ◇ 孩子们在一起嬉戏中学会组织趣味性强、相互合作的活动。
- ◇ 孩子与其他孩子交际时会获得提升领导力的机会。
- ◇ 在没有成年人进行微观管理的情况下，孩子与同龄人交际时能提升独立决策能力。
- ◇ 与其他孩子交际有助于孩子发展想象力。

童年期建立友谊不存在"突发事件"

当然，孩子在童年时期最容易结交朋友，效果也最显著。因为此时他们身边围绕的都是尚未形成过度的自我意识的同伴，也更容易交付真心。

最初那几年孩子都在学校里，就结交朋友而言，男孩子可以轻松地和女孩子交朋友，就像和其他男孩子交朋友一样，女孩子的情况也一样。未来的运动员和未来的科学家可以交朋友，未来的假小子能够和未来的时装设计师一起玩。

在语法学校，你家女儿存在的严重社交问题，很可能就是为碰洒了牛奶而哭泣。一般而言,这个年龄段朋友间的冲突不会造成严重的伤害。"这个是我的橡皮帽!""不!这是我的橡皮帽!""这盒是我的果汁!""不!这是我的果汁!"坦率地说,这大概就是最严重的状况。

这个阶段,我们就友谊对孩子提出建议轻而易举。讨论新结交的朋友时,我们只需说:"你没必要喜欢你遇到的每一个人,因为你做不到。但无论如何,你必须友善对待所有人。"

> 如今学习结交朋友的方法,与我们孩提时代的方法区别不大。父母要找到方法助孩子一臂之力,同时还要留心,不要让自己的方式影响孩子的体验。

孩子年纪尚小时,结交新朋友的方式相当简单直接。为了帮助年幼的孩子消除隔阂,现列出以下几种简单易行的方式:

◇ 每天放学后,向孩子了解这一天和谁待在一起,询问他们在休息时、吃午餐时和谁在一起,看看他们是否在接近特别之人。
◇ 鼓励孩子接触可能结交的新朋友,一起去玩,或者放学后一起消磨时光。
◇ 鼓励孩子向不认识的人打招呼,进行友善的眼神交流、微笑以及自我介绍。

◇ 在家中安排游戏聚会，孩子在自己的安全领域会感觉很自在。
◇ 为孩子报名，和一位新朋友一起参加一项体育活动，让他们有更多机会了解彼此。

在中学的海洋中乘风破浪

随着我们的孩子年纪增长，建立和维系友谊更具挑战性。临床心理学家艾琳·肯尼迪·摩尔曾说过："孩子在7岁左右开始担心友谊的问题，这时他们步入了认知发展中主观判断性极强的阶段。"一旦他们头脑开窍，就开始无可逆转地意识到社会阶层的存在，这一刻起，我们的孩子开始对其他孩子进行归类，比如受欢迎的人、不受欢迎的人等等。他们很难再用其他方式评价周围的孩子，于是接触并结识新朋友变得更加复杂，因为孩子们比以往更为关注受到排斥以及无法融入环境的问题。

为了帮助孩子顺利获得真挚的友情，以下几点建议可供参考。

1. 辨明人情

鼓励孩子接触看起来也不认识很多朋友的人，因为较之已融入亲近朋友圈的人，接触另一个不熟悉小组成员的人更容易与之建立友谊。

2. 获得关注

如果孩子与陌生人进行第一次交谈的言辞热情、简洁、有礼,对方也会以同样的态度回复他们。鼓励孩子使用一些简单的礼貌用语,例如,"你好""打扰一下""嗨,早上好"。为孩子示范何时使用这些用语,通过虚构场景以及角色扮演的方式加以练习。

3. 主动出击

一旦你引起对方的关注,就要告诉对方你的需求,向孩子演示如何给对方一个具体的信号并据此采取行动。问题可以很简单,例如"我能和你一起坐吗?"或者"你愿意一起打篮球吗?"如果对他人发出明确的邀请,多数人会说"好的"。

4. 自我介绍

一旦你主动出击,在桌旁坐下,和别人一起玩游戏,或者共同完成小组任务,就要让对方知道你是谁。向孩子说明如何介绍自己,简明介绍,或者提供一些信息,说明自己是谁。例如:"嗨,我是本。我在史密斯先生的那个班级。"

5. 建立联系,崭露头角

一旦你接近他人,引起对方的关注,加入他所在的小组,告诉他你是谁,那么是时候找到与对方共同的兴趣点了。给孩子举例说明他可以提出的问题,发掘他与新结交的朋友的共同点。这种联系可以发展出深层次的交流,帮助他以积极的方式崭露头角。

养育子女就是一场自由竞赛，我不在乎某些人的言论。没有一门课程、一本书可以教我们做好万全准备，迎接现实中百变的情况。一旦孩子离开了婴儿背带的安全保障，步入现实世界，一切将难以预料。

一旦我们习惯于某一阶段，下一阶段就会接踵而来，打破我们的内心平衡，这就是亲子关系。幸运的是，成长一事循序渐进地发生，所以我们可以设法坚持下去。一旦孩子达到入学年龄，我们必须接受的一项最重要的改变就是，他们即将生活在一个充满陌生面孔的世界，从此这些人会在他们的生活中兜兜转转。我们能为他们采取的最佳措施就是鼓励他们接触外界，建立新的联系。尽管不易，但这是我们身为家长的责任。

这些新建立的人际关系对于孩子的社交情感发展至关重要，它们为孩子提供了接触形形色色的人的机会。随着他们年纪日渐增长，人际关系还会不断拓展。

> 这些新建立的人际关系对于孩子的情感发展至关重要。见证一段友情的不同发展阶段，是极有价值的生活体验。

在不同的时间点，出于不同的原因，总有人在孩子们的生活中停留下来，有些人则会从他们的生活中离开。记住这一点，不管有多少人在孩子的生活中进进出出，我们的位置永恒不变。

第 11 章 鼓励孩子朝新的领域拓展

我们的责任就是成为他们可以依靠的人，不管世事发生了什么样的变化，确保孩子们拥有与他人建立关系网所需的技能，学会与他人分享自己的生活。

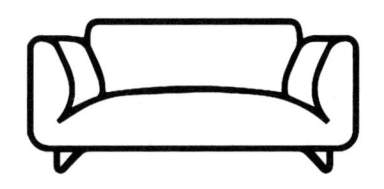

黛布拉·福克斯·詹森伯格心理诊疗室的建议

人际关系对于保证孩子的身心健康非常重要。我们越早教会孩子这项技能，让他们朝着新的领域拓展，构建新的人际关系，他们就会准备得越充分，去应对未来生活中自己的人际关系。

孩子构建人际关系的最初体验，是与自己的父母、兄弟姐妹，还有亲朋好友相处时所感受到的关爱、呵护以及安全感，这都是他们需要具备的重要情感体验。健康的归属感对孩子来说必不可少，他们的原生家庭就是一切的发源地。家庭为他们的人格、情感体验及行为举止奠定了基础。

锦囊妙计：什么是健康的归属感？这是孩子与家长之间形成的身心联系，通常是指家庭纽带。这些联系为孩子提升自己的社交技能打下基础，会影响孩子未来的精神健康以及生活幸福。这里列出一些简单易行的方法，用来培养家长与孩子之间的关系。

- ◇ 通过言语信息以及肢体动作，告诉孩子你爱他们。
- ◇ 共度欢乐时光，一起就餐，或者安排一次特别的家庭活动。
- ◇ 给彼此起一个专属名称，只在家庭成员之间使用。
- ◇ 每天留出时间深入了解孩子，了解他们的情感与需求，表达对他们的关心与呵护。

在早期生活中，与家人或者朋友建立关系的方式并不复杂，只需要创造机会进行分享，去体验助人为乐以及团队合作的真谛。在这种环境下，孩子会学会彼此鼓励，相互信任，互相支持，将为一切良性关系奠定基础。

锦囊妙计：教会孩子拥有健康人际关系的重要基础是互相理解、相互尊重。教导孩子要使用友善的言行，耐心聆听，这些内容都能证明友谊要靠双方努力，孩子的付出会得到回报。

锦囊妙计：在结交朋友时，孩子手中最有力的工具就是自尊、自信。家长不能为孩子找到朋友，但可以帮助孩子演练，直到他们可以更轻松、更自信地完成这件事。练习问候语以引起对方注意、酝酿对话或者交谈的内容，他们在有机会时会用得到。对可能出现的情境进行角色示范，加以演练，直到孩子能够熟练应对。

锦囊妙计：结交朋友的技能变化不大，不过要考虑一些新的可变因素。为了与朋友频繁接触，孩子们配备了社交媒体、好用的老式住宅电话等多种方式。从讨论哪种工具最适合孩子使用着手，家长要知晓面对面交谈以及互发信息哪种方式更好。或许是时候更新你的通信系统了，退一步接纳孩子们联系朋友的新方式，不管是打电话、发信息，还是使用数字媒体，他们最终能与朋友取得联系。

锦囊妙计：家长要给予支持，注意不要让自己孩提时代的某些方式影响孩子："本，你确定你想去汤姆家吗？他不是爱惹麻烦吗？"或者"乔乔是不是有点惹人烦，你确定休息时要和她一起玩吗？"这些都是我们不应该使用的言辞。记住，让孩子找到他们自己的路。如果他们在选择玩伴时做了错误选择，要借助自然发生的结果改变他们。

友谊的关键不在于你有多少朋友，而是与那个特别的人建立稳定、健康的联系。他丰富了你的生活，给予你支持，为你的每一天带来幸福与喜悦。

这些新建立的人际关系对于孩子的情感发展至关重要。见证一段友情的不同发展阶段，是极有价值的生活体验。

生活中我们会经历各式各样的友谊，有些友谊历久弥新，会发展为生活中一段情深义重的关系。而更多的人是泛泛之交，这种友谊一段时间后便会终止。要让孩子知道友谊的各种类型，帮助他们更好地理解拥有和失去。

锦囊妙计：迈出建立一段坚定不移的友谊的第一步，就是选择自己愿意尝试合作的人。你怎么知道他们是否会成为挚友呢？教给孩子成功交友的黄金法则，探讨一个挚友要具有的品性，帮助孩子认识自己的性情，学会在他人身上看到自己的不足。帮助他们认清自己对挚友的期待，以及他们对于友谊的看法。

锦囊妙计：一旦找到可成为朋友的合适人选，双方开始倾诉彼此的看法，吐露情感，从而维系友谊，这就是所谓的交情极深。随着友谊日渐成熟，在解决问题以及频频分享中，信任与支持初见端倪，朋友间亲密情感的价值不容低估。一般来说，许多孩子都会来到这一阶段，而且可能会持续数年。

锦囊妙计：随着孩子年纪增长，他们发展到了下一阶段，一些童年时代建立的友谊不再适合中学阶段的生活。随着孩子的成长，他们的兴趣发生了变化，时间安排以及专注的事情不同以往，社交生活呈现出新面貌。这可能是孩子第一次放弃故友，因为他们不想再与之交往。有些人是那些即将离去的朋友，而另外一些人看着朋友离去。任何一种方式都是他们必然要经历的转型，孩子从中领悟友谊有开端，也有结束。这时，我们要提醒他们，家人的关爱、支持会永远陪伴他们左右。

锦囊妙计：结交朋友并非易事，维持友情更为不易，失去朋友让人伤心难过。对于任何人而言，在友情上的投入都具有风险性，他们会变得脆弱，愿意与他人进行分享，亲近非家庭成员。在这一冒险之旅中，家长要给予孩子支持，当他们开始学习这项重要的生活技能时，及时给予他们帮助与指导。

第 12 章

教会孩子友善待人

没有人希望自己的孩子成为"问题"儿童。

在收到孩子的老师让其带回家的便条,上面写着"我希望尽早约定时间与你见面"时,从某种程度上,家长会不自觉地紧张起来。其实家长不必在某个时间就孩子的行为进行某种形式的约谈,因为表现不好就将孩子赶出学校的概率很小,甚至可以说微乎其微。

实事求是地说,友善待人以及与人和睦相处,对有些孩子来说是种挑战。在充斥着形形色色的陌生人的陌生环境里,学会找到解决办法是个棘手的问题,对于孩子们来说更是如此。虽然上幼儿园不太可能遇到风险,但教会孩子友善待人至关重要,也颇具挑战性。

孩子身为班级一员,学会如何顺利地进行交流是学校教育的一个重要目标,对家长来说这一点也非常重要。

当家长将孩子投入陌生的环境,第一次和一群陌生的同学待在一起,一周五天都是如此,这时,对孩子来说,要控制好自己绝非易事。就像对于年龄再大些的上中学的孩子来说,学习友善包容绝非易事,因为这个年龄段的孩子想受人欢迎、自我意识较强，或者担心被人拒绝。

记住，**态度友善绝不仅仅是"取悦"和"讨好"**。在任何一个年龄段，态度友善都意味着懂得尊重他人，值得信赖，可以同身边的人进行有效沟通合作，可以与性格不同的人和睦相处。

如果你的女儿在融入身边团体时遇到麻烦，她的老师告诉你她有些叛逆，或者她从学校回到家时说自己讨厌班里的同学，这时你必须保持冷静，不要紧张、崩溃，因为这完全是正常现象。

> 如果孩子的行为引起你的关注，不管这一行为是好是坏，这都是他们在表达一些内容，而他们往往没有意识到自己到底想要表达什么。身为家长，尝试理解孩子真正想要表达的内容是一项艰巨的任务。

如果我的孩子被召入校长办公室，或遭遇类似的情况时该怎么办？

很多孩子都会在入学转型期遇到麻烦，因此如果你的孩子烦躁不安，行为有失常态，或者他的老师说他在分享方面存在问题，你要相信你的孩子绝对不是一个怪胎。孩子转型期间，家长必须始终如一地强调得体行为与不当行为的区别，最终让孩子学会接纳。

家长每天送孩子到学校后，就会担心他们能否约束自己的行为，是否会惹怒老师或者身边的其他孩子，等他们长大后，这种担心也从未停止：他们离开家步入社会时，会用何种方式展现自我？在和别人交谈时，他们是否得到尊重？他们是否举止有礼？他们是否做了让自己尴尬的糗事？他们是否领悟了我们传授的内容，让我们引以为傲？

为此，**从现实出发，做好孩子行事会有偏失的心理准备**，这一点非常重要。他们会说错话、做错事，在某些处事方式上行为失当。这样的情况肯定会出现，而且通常会出现在最不可能发生的时刻。

第一学年前半期，在孩子慢慢适应新环境时，每天大部分时间我们并不能和他们待在一起，也很难在他们说错话或者做错事时轻触他们的身体给出提示。上学第一天，我们开车送他们到学校，随后便离开了。在大部分情况下，他们能很快理解哪些事该做，哪些事不该做。我们确保孩子知道与身边孩子一起时行事的方式，就是教会他们一些友善待人的技巧。

想要改善孩子的行为，以下几点简单易行的方法可供参考。

◇ **用言语认可孩子的付出。** 具体告诉孩子他们的哪些行为能得到你的认可。如果孩子因为做对了事而受到表扬，他们便会想做更多的事。

◇ **使用肯定的肢体语言表达对积极行为的认同。** 表达肯定的肢体语言包括微笑、竖大拇指或者击掌。

◇ **提醒孩子他们应该为自己感到骄傲。** 例如，10多岁的女儿主动走到你面前，询问她是否可以帮忙做临时保姆，因为她想要赚钱。这时你要鼓励她。这有助于孩子树立内在信心，让他们意识到自己的勤奋努力、关爱他人等美德，他们会为自己感到骄傲。

◇ **对孩子的爱好产生兴趣。**询问他们的爱好，支持、鼓励他们的创新以及成就，询问他们想学习的内容，询问他们对于某事物的看法。

◇ **认可孩子的感受，产生共情。**你要理解，他们之所以紧张，是因为他们第一次尝试做这件事；他们之所以沮丧，是因为写作业对他们而言太难；他们之所以失望，是因为无人邀请他们参加某次聚会。要避免使用诸如"别再把它当回事"，或者"你为什么这么纠结，这很容易"等类似的语言；相反，要使用共情的语言，比如，"我知道你很紧张，在尝试新事物时这很正常"。还有，让他们知道你会随时尽己所能提供帮助。

◇ **心胸开阔，如果他们的想法、价值观、感觉或者观点与你不一致，不要对孩子妄加评判。**分享你的观点没有错，不过，不要因为他们有自己的观点就将其判定为错误。他们必须感受到与成年人在一起时可以开诚布公，敢于做自己。如果孩子明白不会有人强迫他们产生做错事的感觉，那么真正遇到问题时他们会信赖我们，愿意向我们倾诉。

◇ **亲身示范正确行为。**如果你想使自己的孩子尊重他人，你就要以身作则。如果你想使孩子为人诚实，那就为他们树立诚实的典范。

所有父母都希望自己的孩子举止得体,可以和所有人友好相处,遵规守纪。可现实让人清醒地认识到,没有一个孩子能像父母期望的那样,时刻都做到遵规守纪。

在学校工作了10多年,我看过孩子们形形色色的问题,咬人,打人,戳人,踢人,吐口水,等等。但是你必须记住,所举案例中的这些孩子大多数属于特殊情况,即孩子存在确诊行为问题,解决办法要么是一对一的帮扶,要么需要为其设置一个特殊席位。但这并非常态。除此之外,如果孩子的行为达到如此严重的程度,必须进行干预,那么你可以放心,学校行政管理方会介入。

对于大多数家长而言,自己的孩子只是出现了常见的问题,比如,在早晨班会期间在地毯上爬来爬去,双手闲不下来,在大声朗读时说话……不必为此感到焦虑与不安,找到正确的方式之后,问题会迎刃而解。

运动场上的行为同样重要

置身于竞争环境时,大多数未成年的孩子好胜心强烈。在这一年龄段,体育比赛大多数情况下黑白分明,孩子只考虑输赢,再无其他。他们刚开始领悟到竞争的内容远非只有输赢。不过孩子刚刚起步,对于他们中的许多人来说,理解运动精神、形成团队意识或者树立自信心需要时间。为此在课间休息或上体育课时,在第一次参加青年足球队时,以及当某事的发展未能如其所愿时,他们会发脾气。这一现象还算正常。

在类似足球场这样的场合,我见过孩子的雷霆之怒,若非亲眼所见简直难以置信。例如:一个中学女生觉得自己的训练时间不足,于是脱下球鞋,朝教练甩去;一个七年级的女孩因输掉比赛而受困扰,长时间哭泣不止;还有一次因为裁判的误判,一个六年级的男孩威胁要离开篮球场。

这种情况下,我们必须做的就是:**提醒孩子,当加入某个小组,或者加入某支运动队参加比赛时,所有人都必须遵守某种行为规范。必须尊重运动场上的每一个人,包括对手、队友和教练。**如果孩子无法做到尊重,那么我们的责任就是让他在一旁静坐,帮助他反思自己的行为,向他说明,队内的每一位成员都值得他平等、礼貌对待。不管何时何地,我们的责任就是抓住每个可以施教的机会,传授生活经验,帮助孩子健康、阳光地成长。

> 孩子必须理解,有些时候要做具有创新性的个体,有些时候必须遵守行为规范,学会团结协作。

如果放松行为标准,家中会是什么情况?

前面我们谈论了孩子上学以及参加课外活动时,我们期望他们如何行事，但很多时候，因为孩子在家中的表现与在外面的表现有所不同，所以我们必须对他们进行强化，让他们不仅在家遵守规矩，在其他场合也要这样。强化的方式就是强调我们对孩子的期望值以及让他们这样做的原因。

举个例子，教育孩子时，说话的音量必须适应特定的场合，如果一个人大喊大叫，让人生厌，对他们身边的人而言也很不公平。这一点同样适用于家庭生活，我们经过厨房时不能边跑边喊，这是对家人的不尊重。这正是我们设定期望值时要告诉他们的内容。对他们而言，这些规则合乎情理，意义重大。**因为我们解释期望值背后蕴含的常识逻辑时，我们的孩子会觉得这些规则合情合理，而不仅仅是我们制定下来强迫他们的事项。**这样做能让他们更容易遵守规则。我们必须尊重身边的每个人，我们之所以让他们保持安静是因为有些地方是人们工作或者学习的场所。解释清楚，让孩子知道我们制定规则的目的明确，而不是随意而为。

这种做法对其他的行为同样适用，例如顶嘴、泄露秘密，或者未经许可擅自行动。向孩子解释清楚诸如泄露秘密这样的行为会置某人于困境。而且，如果自己的兄弟姐妹正在做的事情可能具有伤害性、危险性，一定要予以告知而不是助力隐藏。你期望听到他们使用什么样的语言，当你们在一起时就要亲身示范。教会孩子一些语言的艺术，帮助他们避免与自己的姐妹（兄弟）发生争执，建议他们"请求"而不是"指示"他人给他们机会选择电视频道。互穿彼此的衣物前要征得许可，不能翻箱倒柜，借此鼓励孩子尊重彼此。

家是孩子生活时间最长的地方，学习举止得体要从家中着手。如果他们在家表现良好，大概也会在学校表现良好。当然，所有事情都需要练习。我们的孩子和我们一样，并不完美。

> 我们给予孩子的最好礼物之一就是教他们学会如何对待差异。孩子会从身边人那里学会如何化解冲突。传授并示范一些有效的沟通方式，有助于避免孩子陷入争论，情绪失控。

如果在孩子的进步报告中，你看到"自我表现"一栏的评价是"有待改善"，或者"与他人配合"一栏的评价是"不符合要求"，不要立刻填写寄宿学校申请表，因为很多孩子会因此受到社交技能的困扰。

当孩子开始上学时，不要过分担心孩子与他人的交流问题，尽管他们有时会行事偏颇，犯下错误，但记住他们还是孩子，社交能力尚未发展成熟。期望他们一出生便能行为举止完美，社交技能无可挑剔，这是不切实际的。这些内容都需要学习，向家长、老师以及身处的环境学习，不过这需要时间。

我们最终学会了如何友善待人，我们的孩子也能做到。我们只需不断强化得体行为，并在他们做出不当行为时提醒他们注意，或迟或早，一切都会水到渠成。我知道，在这个阶段，你有时会认为目标遥不可及，但一定要坚持下来。因为就像所有你体验过的痛苦熬人的游乐园活动一样,他们最终会达到稳定状态,这会是一次愉悦的体验,我保证。

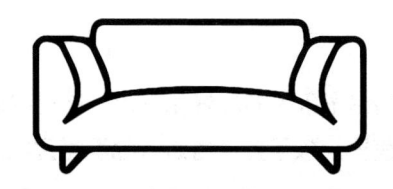

黛布拉·福克斯·詹森伯格心理诊疗室的建议

如果孩子的行为引起你的关注,不管这一行为是好是坏,这都是他们在表达一些内容,而他们往往没有意识到自己到底想要表达什么。身为家长,尝试理解孩子真正想要表达的内容是一项艰巨的任务。

锦囊妙计:孩子常常不会用言语表达自己的情感,因此要观察他们的种种行为,获取线索。当你尝试理解自己的孩子时,沟通交流是关键。

锦囊妙计:就分享交流以及尝试解释某个问题而言,你因为没听懂而要求孩子重述,这种做法是没问题的,这样才能搞清楚状况。告诉他们你对他们所说内容的看法,这也是在告诉孩子你在倾听,你在意他们。如果孩子感受到有人倾听,他们不成体统的举止和哭闹就会减少,因为有人理解他们。

锦囊妙计:你是否看到自己的孩子长时间坐在一把椅子上?

他们是否坐立不安，有时跌落在地，最后甚至躲在椅子下面？如果你不止有一个孩子，其中一个孩子是否似乎忘记自己该做什么，最后茫然无措地走来走去？这一类行为可能与他们的年龄阶段相符，不过随着孩子年龄增长，类似的行为应得到解决。如果你没有这样的经验，你的孩子又需要你提供解决方案以及反复引导，这时你可能就需要进行摸索，从更多角度看待他们的行为。孩子的行为可能是在表达他感觉到了挑战，需要你辅助他掌握某种技能。知道何时寻求专业帮助非常重要。如果孩子的行为对他们每日取得进步的目标产生了消极影响，就应该考虑寻求某方面的帮助。现在有大量用来评估行为的工具，可以更好地了解孩子取得的进步，你要做的是找出需要学习或改进的地方。

锦囊妙计：尝试帮助孩子学会有效交流，准确理解他们想要交流的内容。这对于任何一位爸爸妈妈来说都是一项艰巨任务。对事情进行简化处理，采用适当的方式，不要单打独斗。

不管我们是在开车还是在餐馆用餐，我们的责任就是抓住每一个可以教育孩子的时机，传授生活经验。孩子必须理解，有些时候要做具有创新性的个体，有些时候必须遵守行为规范，学会团结协作。

锦囊妙计：鼓励孩子遵守规定的行为准则，这能帮助他们在集体活动中或者亲身体验中取得成功。如果你的孩子无法满足自己所在班级或者运动队的期望，这会对他们的自尊心造成伤害。在餐厅用餐、出席音乐会或者参加体育赛事时，要帮助孩子践行社会标准以达到社会期望值。"杰克，请坐下来，这样后面的人也可以看到比赛。"或者，"泰勒，我需要你调低手机的音量，或者把它收起来。我们在餐馆，坐在我们旁边的人不应该被打扰。"

锦囊妙计：我们的社会设定了许许多多的规则。鉴于孩子的年龄、所处的发展阶段，或者个人面临的挑战，他们能否做到你要求他们完成的事情？花些时间，正确选择孩子要达到的期望值的时机和场合。如果你的孩子非常害羞，不能自如应对素不相识的人，不要要求他们与每一位陌生人握手并进行眼神交流，因为这会让孩子受到打击。要切合实际，做出正确判断，当孩子做好准备时，支持孩子去适应环境。

我们给予孩子的最好礼物之一就是教他们学会如何对待差异。孩子会从身边人那里学会如何化解冲突。传授并示范一些有效的沟通方式，有助于避免孩子陷入争论，情绪失控。

如果解决冲突时你心烦意乱，你会是怎样的状态？

你是否会大喊大叫？或者让孩子闭嘴？处理冲突有更好的方法，不过家长不能受自己坏习惯的影响，因为孩子正在观察。如果你尖声叫喊，那么他们就会尖声叫喊；如果你摔门而出，他们或许也会这样做。

第12章 教会孩子友善待人

锦囊妙计：如果我们提高声音，那是因为感觉得不到他人认可。为了避免孩子出现大力摔门、大喊大叫的举止，我们必须停止自己的失当行为，冷静下来，学会倾听，尝试对彼此的言论进行反馈。当每个人都发表意见后，你很可能会感觉自己的话有人倾听，这样就不会做出不当的行为了。

锦囊妙计：帮助孩子学会有效交流的方式就是练习。

具体的操作方式如下所示。

A（Approach，趋近）：走近你需要交谈的那个人，引起他们的关注。

S（Simple，简明）：当你告诉他们自己的想法或感受时，要言简意赅。做到长话短说，因为如果你持续的时间过长，对方的注意力可能会转移。

S（Specific，具体）：讨论具体行为。表明哪些行为让你难以忍受，具体谈谈让你最难过的行为。

E（Effect，影响）：讨论这件事对你产生的影响，以及他人行为会引发你的何种感受。

R（Response，回应）：表明自己想要解决这件事并进行谈话的缘由。说明这种情况让你有何感受，等待对方的回应。"嗯，我不是故意让你难堪，抱歉。"

T（Term，条款）：提出你会通过何种方式不再重蹈覆辙，给出解决问题的方案。"如果这种事情再次发生，我就必须告诉老师。"

锦囊妙计：包容差异对任何人来说都绝非易事。解决这一问题的正确方式，就是让孩子置身于差异之中，让他们明白要尊重他人却不必附和。我们不能伤害与自己有差异的人。培养孩子自尊以及敬重他人的品质，让他们学会求同存异。

锦囊妙计：你的孩子也在观察你。如果解决冲突以及包容差异对你而言是个挑战，那么在这方面花些时间，这样你的孩子就更有可能不会再犯这种错误了。

第 13 章

孩子最终会走出双重人格阶段

孩子最终会成为成熟的人,不管他们最初是何种状态。因此,你要有坚定的信心。

如果你觉得自己孩子的行为像极了集善恶于一体的化身博士[①]，那么要知道你不是唯一有这种感受的人。孩子从一种情绪跳跃到另一种情绪，再不断跳跃，像花样游泳运动员一般流畅，你不必对此感到惊奇。

我们的孩子是甜心宝贝，也是野蛮小孩，很多特征都融合在同一个小孩子身上。就像我所说的，这种"多重人格综合征"会持续一段时间。在语法学校[②]的那几年会持续出现，并在上初中时达到巅峰状态，高中阶段那几年也会偶尔出现。这一切完全取决于孩子自身。我们必须牢记一点，即使在看似从未涉足的情况下，他们最终会在世界上找到自己的位置。

[①] 化身博士（Dr. Jekyll and Mr. Hyde）是苏格兰著名的小说家罗伯特·路易斯·史蒂文森同名小说中的主人公。在此比喻集善恶于一体的双重人格。——译者注

[②] 语法学校：在美国教育体系中，语法学校是指为儿童提供初级教育的学校。通常，这些学校为幼儿园至六年级（或八年级）的学生提供教育。

语法学校阶段尚可称得上风平浪静

对于年纪较小的孩子来说，他们的心态以及行为可能同时发生变化，因为在他们的生活中，这是第一次全天大段时光在学校度过。离开家对他们来说压力巨大。在学校中，他们与不同的人打交道，置身于崭新的环境，遵守不同的规则及要求，这颇具挑战性。

所以你会看到孩子有冲撞、踢打、推搡的行为，或者不愿与人分享，但是对于6岁左右的孩子来说，这些行为实际上是极其正常的。他们还在学习遵守规则以及让自己行为得体，他们是有待完善的作品。当他们回到家时，我们的责任就是给予引导，我们可以强化积极行为，使他们身在学校时将这些行为保持下去。事实上，**积极强化是我们拥有的一种特别有效的工具**，也是我们要频繁使用的工具。

> 养育子女是一份繁杂艰巨的工作，成长发育、涉猎各种活动、探索兴趣、结交朋友……在弄清楚父母的天职对你有何影响时，驾驭这一切是一项艰巨的任务。

我们的小女儿莉比最初行事稳重，情绪从来不会大起大落。慢慢地，她成长为十几岁的少女，不知从何时起，她变了，前一分钟还是开开心心的，下一分钟就变得焦躁不安。从前多数时间从容不迫的她，开始用力拍门，变得咄咄逼人，触碰每个人的底线，甚至严禁我们帮她整理房间。这种现象持续了很长一段时间。

出人意料的是，将近10年后的今天，莉比重新做回了那个随和的女孩。她的个性收敛起来，经历了孩子时期的各种性格变化后，最终重返本色，这是她骨子里的特征。这也是孩子长大成人、**走向成熟**时常常会出现的现象。

说实话，唯一真正具有影响力的因素就是时间。我渐渐领悟到时间是真正能平复一切的力量。单凭我们给他们指出来，我们的孩子常常意识不到自己在无理取闹。孩子年龄尚小时，往往更容易坚持原则，因为他们尚未开始肯定自我。一旦他们步入中学，初尝独立自主的感觉，他们就开始逐渐脱离我们。与此同时，他们还想极力融入身边的人际圈。通常在这段时间里，他们会认为自己无所不知，开始和我们对抗，形成自我意识，解决这一问题需要时间。

与此同时，记住一点，你看到10多岁的孩子表现出的一些不同以往的行为，例如不听管教、吵嚷，都是青少年开始叛逆的具体表现。他们的身心方面忽然发生了许多变化，又往往不知道如何应对，因此就有了这种改变。

孩子年纪尚小时，他们的问题解决起来可能会轻松一些，但是在任何年龄段，情绪变化都是个棘手的问题。当你与年幼的孩子相处时，这些突发的异常现象十分常见：男孩子猛地把球棒摔在地上，因为他们被三振出局；女孩则因为不被允许参

第13章 孩子最终会走出双重人格阶段

加四角击球游戏而伤心落泪。这种现象随处可见，非常正常。

在孩子成长发育最终形成稳定的性格前，他们一直在体验各式各样的行为特性，直到真正找到自己。这有点像浏览橱窗，他们只是静静地观察，大多数时间他们便会在无意识中产生这样的行为。关键是，在这一阶段，很多时候孩子完全缺乏自我反省的能力。举个例子，我的大女儿莱利还有她的朋友亚历克斯在她们上二年级时决定做件有趣的事——把家长全都锁在亚历克斯家的门外。这个决定愚蠢得令人难以置信。

她们正在参加游戏聚会，乐在其中，所以她们还没有做好准备说再见。天色渐晚，到了该回家吃饭的时候。孩子们悄悄走到楼下，锁上了房门，然后就跑走了，躲进阁楼上的游戏室，所以听不到我们的呼唤。

最后孩子们来到楼下，我们说服她们打开屋门。看到我们的脸色，她们立刻意识到自己已经越界，这一结果已经足够。就像大多数家长一样，当我们把孩子救出具有潜在危险的环境时，我们更关注的是她们的安全，而不是把我们锁在室外的愚蠢行为。第一次犯错没有造成实质性的伤害，我们便没有大加训斥。

但这种情况发生后，加强教育是非常关键的，我们可以借此告诉孩子哪些事情不能做，她们的行为非常危险或者会造成严重的后果。我们必须告诉她们事情的严重性以及下次再犯的惩罚措施，强硬制止类似行为。

在寻找方法帮助孩子学习生活技能方面，现在的家长所起的作用比以往任何时候都要大。选择恰当的施教时机，能让孩子更容易接受某种理念。

当孩子做错事时，千万不要惊慌失措。深呼吸，认识到孩子就是会做出使人沮丧、令人疯狂的事情。只需静心等候，要有耐心，展现对他们的关爱，然后让孩子承受与犯错相应的后果。

当你的女儿离开游戏聚会，带着一个女孩回到家中，这个女孩所在家庭的行为模式可以说与你家迥然不同。例如，她可能对人颐指气使，被宠溺过度。你和她们俩一起坐在餐桌旁，她突然对你发号施令，让你再给她拿些牛奶。你可能会这样想："等等，干什么？"处理这种情况最简单的方法就是，你和她进行一场心平气和的对话，提醒她你家中对行为举止的期望。你不能接受她不尊重你这件事。

除了他们的基因密码、遗传倾向以及性格特征，孩子自出生那一刻起，每一次的交流、每一个听到的词语都糅杂在一起，最终让他们成为独特的个体。

鼓励孩子的得体行为，具体有以下几种方法。

◇ 孩子行为得体时要进行表扬，强化积极行为。认可他们的努力，这样他们会更乐意好好表现。
◇ 你想让孩子以何种方式对待他人，就要以何种方式对待他们，借此示范你希望孩子应有的行为。
- ◇ 向孩子阐明错误行为的负面影响，并对错误行为加以制止。比如为什么他们说的或做的伤害了你的感情，或让你心烦意乱。
- ◇ 倾听孩子的心声，询问他们的感受。
- ◇ 教给孩子沮丧的时候保持镇定的方法，鼓励他们找一个安静的地方，在那里摆脱让自己不开心的事，重新振作起来。

青少年之间的冲突不会一直发生

> 他们哭泣，我们给予抚慰……我们提出问题，他们不知道答案。荷尔蒙作用强劲，十几岁的孩子不知道出了什么问题。

即使行为举止最为温和的孩子，也会有这样的时刻。因为随着他们成长为十几岁的青少年，他们需要处理形形色色的人际关系，矛盾、徘徊和冲突在所难免。

这一阶段，我建议你找一个舒适的座位，**紧紧地系好安全带，就像在飞机上那样，然后坚持下来。**因为从这一阶段开始，孩子的成长之路会跌宕起伏，但他们会回到原地，我向你保证。

我的两个女儿相差 3 岁，一个孩子稳稳当当，另一个孩子风风火火。事情总是不断变化着的，她们中有一个刚刚稳定下来，另一个就会失去理智。不过对于有孩子的家庭来说，这是常有的事。我们刚刚对事态稍有掌控，所处的境况就发生了改变，这样的情况不断出现，反反复复。

有效的解决措施有以下几个。

◇ 确保大家都能理解，在他们进行沟通时必须尊重彼此。
◇ 尝试不让孩子不礼貌的行为影响到你。
◇ 在孩子身边时，努力让自己时刻保持镇静，因为如果你失去理智，冲他们大喊大叫，事态将无法控制。
◇ 一定要保持积极心态，因为只有积极心态才能带你走过这段荆棘密布的时期。

我的大女儿莱利现在正上大学，小时候的她小心谨慎、非常保守。面对诸如体育运动以及学校任务时，她往往待在自己的舒适区，不愿意尝试。她按照自己的节奏做事，不让自己受到身边孩子所做之事的影响。

她上高中后有很大进步，和所有新结识的人打成一片，适应高中生活，一切发生了改变。她蜕变为一个无所畏惧、自信向上的女孩，努力尝试一切可以实现的事物。她受到身边人的激励，努力尝试打破自己的认知极限。

抚养孩子也是这样的情况，我们似乎无法想象，自己的孩子会跳出当下所处的阶段取得进步，不过他们的确能做到。我们很难想象，有一天他们可以遵守规则，和我们谈话时态度不再尖刻，对我们表现出应有的尊重。不过这一切确实会发生。因此请记住，人们把抚养子女称为"爱的辛劳"，因为这件事绝不轻松。不过当孩子最终取得成功时，一切付出都是值得的。

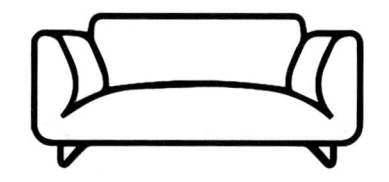

黛布拉·福克斯·詹森伯格心理诊疗室的建议

孩子们忙于自己的任务——学习协同合作、尽职尽责。随着长大成熟，他们面对的一项最大挑战就是要学会用恰当的言辞表达自己的感受。当他们学习这些内容时，通常不是那么顺利，作为家长，我们必须帮助他们。

锦囊妙计：不管孩子是在上学前班、小学，还是初中、高中，学会处理日常事务非常重要。如果他们知道自己应在何时吃饭、洗衣、刷牙，何时上床睡觉以及起床，那么他们就更有可能管理好这些事务，变得独立自主。一旦孩子能够独立照顾自己，他们就可以少听些父母的唠叨。结果是争执次数减少，怒火平息。

锦囊妙计：为发育中的孩子找到优质资源，可能正是帮助他们理解自身变化的方式。情绪波动、青春痘、生理期等，有太多的事情要搞清楚。提供一本可供他们阅读的读物，你在或不在时都可以引发一些精妙的讨论，从而帮助孩子理解成长道路上发生的事情。

锦囊妙计：青春期注定要发生的荷尔蒙变化完全归因于生理反应、情绪波动。如果孩子处于青春期或者青春期前期的困境中，敏感易怒、情绪低落、心理挫折都是正常现象。如果孩子愿意聆听，家长可以分享自己的成长故事，这有助于将他们所经历之事正常化。然而，如果孩子的情绪长期干扰到他们的日常生活，这可能就是一种信号，即这一现象似乎是值得关注的心理健康问题，对此家长就需要重视。这一点非常重要。

锦囊妙计：如果你看到了孩子的灿烂笑容，听到了爽朗的笑声，那是父母将可利用的时间发挥到了极致。这些美好足以平衡那些不可预期、跌宕起伏的日子，坚持下去，多多倾听，暂不做评判，这一阶段终将过去。提醒孩子悦纳自己的各种情绪，教会他们如何用自己家庭认同的方式表达自我。

在寻找方法帮助孩子学习生活技能方面，现在的家长所起的作用比以往任何时候都要大。选择恰当的施教时机，能让孩子更容易接受某种理念，因为环境不那么正式，反而更容易开展学习。

锦囊妙计：施教的关键点在于选择适当的场合、时机！你可以捕捉孩子的好奇点，用以吸收新鲜事物，这件事非常棘手。在意想不到的时候，不管是在公园里、在浴缸中，还是在麦当劳排队时，如果能吸引孩子长时间的关注，就足以在既定时间内掌握学习内容。例如，"梅格，我们坐在电影院里，你一直在踢前面的座椅。你觉得坐在你前面的人有何感受？请你想想现在是否应该道歉？"

锦囊妙计：对于施教而言，时机和场合非常重要，不过有其他同龄人在场时，怎样做才能产生同样的效果？提问题、找答案、唤起大家的好奇心，这样就能打造绝佳的施教时刻。"丽莎，你甩掉手套还有球棒，气冲冲地离场。塔拉，她今天离场时你有何感受，能和丽莎分享一下吗？"背景可以是任何能提出这些问题的场景，棒球场球员休息室里或会议室桌旁，不过开展学习的过程最重要。

锦囊妙计：施教时，要注意人员、场合以及过程。这些场合可以是某个不那么正式、有更多趣味、适合施教的场所。出于某种原因，如果你和一群沉默寡言的人坐在一起，这一招不奏效，就再进行尝试，这些时机中总有一个会奏效。

我们必须花些时间了解孩子的身体发育状况，及其对心理健康的影响。压力源常常光顾十几岁的孩子，随后他们就会出现焦虑、沮丧、头痛等诸多问题。我们能做的就是教会孩子如何更好地管理自己能够掌控的一切。

锦囊妙计：青春期的孩子成长迅速，这让人产生了一种仓促走完发展阶段的感觉。他们很快穿上了各种风格的时尚服装，使用大孩子的言谈方式，必要时刻，家长必须介入，采取一些管控措施，帮助孩子进行自我管理，做出正确的决定。

锦囊妙计：帮助孩子理解青春期、荷尔蒙与刚刚建立的责任感一起出现时会产生的副作用。如果他们表达自我的方式是大喊大叫、热泪盈眶，家长要帮助他们平复情绪，缓一步处理。为他们示范，平复下来再开始会是什么情况。如果家长做到了，而且这样做有效果，或许孩子也会这样做。鼓励孩子学习如何借助瑜伽课等方式进行冥想，平复身心。

锦囊妙计：这个年龄段的孩子要担心的事情有很多——自己的外表、繁忙的学业还有社交生活。众多压力影响了他们的生理反应过程。过大的压力会引起肾上腺激素过量分泌，使得激素分泌失衡。花些时间咨询医生，每年做一次全面检查，了解他们所处的发育阶段。当他们无法理解自己时，你要尝试了解孩子的行为，通晓常识非常重要。

锦囊妙计：身高和体重突增、性成熟以及青春期的其他变化，每个孩子或早或晚都会经历这些。既然知道这一情况即将到来，家长就要查阅相关资料并仔细观察孩子，做好充分准备。青春期的孩子正努力做到独立自主，让自己更有掌控能力，与此同时，为自己做决定实际上会让他们感到恐惧。孩子要留心同龄人具有的影响力,做好准备面对各种各样的结果,不管是微笑、拥抱,还是落泪、发脾气。孩子们,振作起来,保持镇定,借助自己的后援体系武装自己,让自己顺利度过这段生命旅程。

第 14 章

冲突不可避免,学会用平静的态度对待

冲突事件发生时,你越是镇定自若、头脑冷静,大家就越有安全感。

"冲突事件"足以让任何一位家长苦闷不已。它造成的创伤有时危害极大。孩子的冲突事件随时可能出现，没有任何警示，没有任何规律，可能让人心力交瘁，夺走我们与孩子的活力，更不用说这种事情解决起来通常颇为棘手。身为家长要正确看待这一点，这样我们才能让孩子学会以同样的态度应对。这一点非常重要。

无论我们的孩子行事风格如何，冲突事件都会发生，它会影响到每一个人。对每一位想要顺利度过此劫的人来说，我们解决问题以及我们教育孩子应对问题的方式，可能会改变一切。

预防两类冲突事件

小学以及中学阶段我们可能遭遇的冲突事件主要有两类：朋友间的冲突以及家庭中的冲突。两种迥然不同的类型，都有十足的危害性。

用最简洁的话语进行解释，朋友间的冲突事件包括孩子与

第14章 冲突不可避免，学会用平静的态度对待

其他小孩发生的冲突，诸如戏弄、校园霸凌以及遭人排挤等。它可能发生在意想不到的场合，也可能发生在出乎我们意料的那个孩子身上。

我知道，在孩子步入中学前，大多数家长甚至没有将冲突事件视为现实问题，原因在于他们认为看起来可爱乖巧的小孩不会有兴风作浪的能力。好像这一问题只有在十几岁的青少年中才会发生。然而，**认为冲突事件不会触及年幼的孩子，这是个严重的错误**。实际上，这一问题发生的时间比我们想象的要更早，甚至在我们的孩子刚步入校门时就已开始。当他们每天连续几个小时和同龄人在一起，孩子之间就很容易产生矛盾，小团体初现规模，他们不可避免地会怒气冲冲。我这样说，不仅仅是因为我是两个女儿的母亲，她们不理睬对方的时间从未超过4分钟，而且我之前做过助教，我在学校体系工作的12年中，每天都能在教室看到冲突事件。

> 保持镇定、专注倾听。家长们，我们不必为孩子的各种冲突事件提供机会，有时我们必须简单处理，帮助他们摆脱困境。

最初阶段所有人尚能和谐相处，但发生冲突事件的可能性总是隐藏于表面之下。事情就在眨眼间发生，出乎你的意料。

我看到过三年级的学生惹得同年级的同学流泪，事情的缘由多种多样，比如他们的衣着、身上的气味、传出的一记球、

是否喜欢金枪鱼三明治等等。

现实中，霸凌时有发生，你的孩子有可能会在某种场合遭遇这种情况。不管他们是受害者还是始作俑者，抑或是旁观者，在某种情境下，这一现象都会在某种程度上对他们造成影响。你能为孩子提供的帮助，就是教会孩子在霸凌发生时正确应对，因此就需要在这种情况发生之前早早展开谈话。

我们必须用策略以及语言武装我们的孩子，帮助他们正确对待霸凌现象。首先，我们必须保证他们尊重自己身边的人，无论他们是否喜欢对方。在霸凌现象发生时，我们鼓励他们不袖手旁观，甚至鼓励他们在保证自身安全的情况下挺身而出，见义勇为，或者在他人被霸凌时给予帮助。最后，我们要经常和孩子沟通，让他们知道，只要他们需要，我们就会在他们身边给予支持。

> 孩子必须懂得，校园霸凌中任何一个角色都同样需要受到重视。

不管你养育的孩子属于何种类型，不管他们的自控能力以及适应环境的能力有多强，在某一时刻他们都可能情绪崩溃。

我曾看到一个孩子走进校门，她不敢开口对自己的老师讲话，却因为一件非常小的事情，毫不迟疑地顶撞她的妈妈。作为旁观者，这一情景真是触目惊心。如果她的妈妈是对孩子大打出手的那类家长，情况就更加不妙了。出现这种不同寻常的

第14章 冲突不可避免，学会用平静的态度对待

粗暴行为的原因是，不同于大庭广众之下，和家人生活在同一屋檐下，孩子感受到非同寻常的自在感，不论好坏，他们就是觉得更加轻松自在。

这个女孩是独生女，她的妈妈一心扑在她身上，迎合女儿的各种要求，直到上中学都一直如此。女孩任由自己的需求主宰一切。即使多数孩子把自己的不良行为留给父母，留到私密舒适的家中，还是有很多孩子表露在外。他们毫无顾忌，在公共场合做出不良行为，举止粗鲁，对人毫无敬意。我们应对脾气暴躁的孩子的方式，既可以树立我们的形象，也可以摧毁我们的形象。

如果我们允许他们做出不尊重他人的行为，那么我们就助长了这一行为。我们要为孩子的狂悖招摇以及傲慢自大负责。如果他们当众用类似的方式同父母讲话，可以想象他们会对自己的朋友说些什么，他们会对自己的老师以及其他家长有怎样的表现。为此，我们必须尽早设定明确的期望值，这样他们就会知道这种行为无可容忍。我们的孩子知道，如果他们跨越某种界限，就要承担相应的后果。即使这种策略未必经常被应用，但反复强化这一观点有助于培养孩子尊重他人的美德。

当我们的孩子开始在现实世界经历冲突事件，我们必须从始至终强化一点，即每个人都要应对情感成长的痛苦，但每个人的应对方式不同。我们都知道，孩子容易受影响。有很多孩子陷入冲突事件之中无法自拔。他们认为这是一种自我肯定的方式，证明他们在力量上胜过其他孩子，显然这种想法大错特

错。幸运的是，他们往往能及时走出这一思想误区。

虽然冲突事件并没有固定的模式，不过有时，原本简单易解决的儿童冲突会演变为霸凌事件。并且因为霸凌事件是今天孩子和家长面对的极其敏感的问题，所以我们每个人都应知道霸凌事件的严重性，而更为重要的是，我们要知道当这一事件发生在自己孩子身上时应该如何处理。

如何判断这是孩子间的冲突还是霸凌？

通常来说，冲突事件是在两个或多个孩子之间发生的，这种事件可能具有伤害性，不过多数情况下孩子可以自行解决，而无须家长或者老师插手。但是霸凌事件完全是不同的概念。当一些孩子使用特定的针对性语言或者行为威胁一个孩子，这就是典型的霸凌事件。一旦孩子反复遭遇这种行为，家长就必须进行干预。

当孩子遭遇霸凌时你该怎么做，以下几点建议可供参考。

◇ 当孩子开始告诉你自己遭遇了霸凌事件时，确保自己认真倾听孩子的讲述。
◇ 当你倾听发生的情况时，要尽全力控制自己的情绪。
◇ 认可孩子告诉你自己遭遇霸凌这一行为，鼓励他们将此事也告诉学校的校长、老师。如果孩子年龄较小，还不能把问题反映给学校，那么你必须为孩子争取权益。

- 提醒孩子，如果与霸凌者说理不能使其改变，最好转身离开，把发生的事情告诉一位他信赖的成年人。
- 确保自己的孩子知道，尽量不要用武力还击，而要转身离开并寻求帮助。

准备好迎接中学发生的冲突事件

当青春期前的孩子开始在教室、操场、团体中聚集，发生冲突事件的可能性就会增加。因为青春期前的孩子情感上尚不成熟，而且在各方面缺乏经验，多数孩子还未能与理性、逻辑以及常识建立起联系。当冲突事件发生在他们身上时，他们做不到理性行事，往往会情绪崩溃，无法控制自己。

作为家长必须完成的头等大事，就是理解青春期以及青少年大脑的工作机理。因为一旦我们理解深层次的状况，我们就更容易做好准备，应对孩子随时可能出现的情绪问题。

关于青春期大脑的工作机理，"继婴幼儿时期后，大脑发育最为剧烈的生长激增出现在青春期，这种发育会让青少年的思维变得有些混乱。"根据斯坦福大学儿童健康网站的报道，"青少年大脑中的理性部分尚未发育完全，要到25岁左右才能完全发育。"换句话说，青春期或者青少年的大脑从脑后区到脑前区尚未建立起联系。不过这种联系随着时间推移即可建立。到那时，我们的责任便转为帮助他们驾驭具有挑战性的情况，例如人际关系、紧张压力等。

为此，在孩子需要应对冲突事件时，**作为家长需要帮助孩子真正认识"危机"。** 我们必须帮助孩子，认清是否值得付出所有精力。多数情况下，这一做法的确很难实现，而我们依旧不得不尝试重新分析一些不合逻辑的想法，直到孩子更充分地理解这些内容。

当我们遭遇冲突事件时，要记住的最重要的一件事是，尽管事情令人不安，但我们不能胆怯。不管我们是否做好了准备，事情终会发生。如果我们能认识到此事就像对青少年世界进行的一场自然洗礼，就能淡化日常应对这一情况所带来的冲击力。每个人都会有面对冲突的时候，因此学会应对冲突事件，是我们所有人必须学习的生活技能。

由于多数冲突事件一开始有悖常理，是无意识形成的事件，因此事情发生时，没有万无一失的应对方法。不过当孩子与朋友发生冲突时，介入其中是我们不得已才使用的办法。施以援手前，我们必须先置身事外，让他们自主处理。但如果冲突事件涉及人身安全，孩子受到威胁，或者对他人构成威胁，那么我们便要尽快介入，对于在此方面毫无经验的孩子，我们需要加强引导。

帮助孩子解决冲突的最佳方式就是鼓励他保持镇定，提醒他如有需要我们就会陪在他身旁。当我们保持理性时，孩子才更有可能理性思考问题。

与缓解局面同等重要的是，我们必须坦诚对待孩子，指出他们存在的问题。我们都知道，每一个故事都有两面性，**我们**

第14章 冲突不可避免，学会用平静的态度对待

总是愿意相信孩子是乖巧的，但有时他们也会犯错误，会出现不应有的言行，尽管他们已得到精心培育、悉心引导。为此，当看到孩子与朋友们一起，或是在家与兄弟姐妹一起言行放肆时，我们要大声警告他们。这样做非常重要，这有助于让他们意识到自己言行的影响力有多大，让他们知道这对于他人的情感以及自尊造成的影响，鼓励他们在开口前多站在他人立场上进行思考。

因为我只有两个女儿，所以只能通过日常教学活动增加对男孩的了解。根据我多年来的见闻，男孩的对抗与女孩的冲突有本质区别，即使它们都会让人心力交瘁，耗时甚久。男孩常常把事情隐藏于心，更倾向于用身体表达；而女孩往往容易流露情感，更多进行智力博弈。不过两种性别都要面对自己的挑战。

典型的例子就是一群男孩进行橄榄球比赛时，几个孩子违规，飞身撞在持球的男孩身上，这种情况时有发生。随后双方发生冲突，最后不可避免地出现有人被撞得鼻子流血，送入医务室的情况。男孩的冲突往往直截了当，他们生气了就会爆发，然后让这件事成为过去。事后他们仍会一起坐在桌旁吃玉米饼，就像什么事都不曾发生。

与孩子相处的关键就是倾听，建议他们与朋友保持一点距离。在他们遇到问题时，帮他们分析，进行开导。

然而，女孩子在一起的情况就不一样了，她们的冲突更多缘于心理方面。她们扰乱彼此的心智，从内到外乱作一团，嫉

妒、夸张的成分加在一起，造成涕泪横流、乱作一团的糟糕场面。这种现象在男孩中很少见到。

女孩子之间更容易发生冲突，她们对于情感问题做出的反应总是倾向于放大而且执着。

遗憾的是，大多数冲突集中在权力斗争上。几乎总有一个男孩或女孩控制着其他人。我还记得那个在上小学时一直欺负我的女孩。那起霸凌事件让我记忆深刻。

社交媒体煽动冲突事件

有些冲突事件与社交媒体相伴而生，这种类型的冲突事件可能真正具有风险性。因为一旦父母给孩子一台设备，诸如智能手机之类，他们就能通过各类社交软件和成千上万的人联系。在全然不同的层面，你让他们联通了整个世界。这使他们能够学习和培养兴趣，并发展友谊，同时也会接触到诸如网络暴力之类更为恐怖的事件。它带来的影响绝对比现实中的霸凌事件更恶劣。

我们必须教育孩子如何实现线上自我管理，教会他们应有的行为方式以及自我保护方法，这样我们就有可能让冲突事件的影响降到最低。通过给予他们行动指南，教会他们懂得哪些事可行，哪些事禁行，从而使他们处于安全状态。

第14章 冲突不可避免，学会用平静的态度对待

  🛋 "Z世代"的孩子从未经历过没有互联网或社交媒体的生活。我们面临的问题是，如何在拥有大量信息的互联网上保证孩子的安全。

  我们讨论的内容涉及很多领域，所以你应该对冲突事件发生时的应对方式有所了解。这种情况下你的表现，就好比你家蹒跚学步的孩子从滑板车上摔下来时你的反应。你不会胆战心惊地等到她真的摔下来。你会保持镇定，不会歇斯底里地扑身上前。你不会等到看见孩子的反应后再进行回应。如果摔伤，你会抚平她的情绪，快速在她的胳膊上贴好创口贴，带她去吃冰激凌，之后帮她重新踏上滑板车。而且你当然不会拍下这一场景，发布在社交网站上，对不对？

  我们可以把自己比作防爆小组的拆弹人员，在爆炸尚未发生时，将每一次可能发生的爆炸广而告之。由于我们不可能每一次都正确剪断那根线，因此我们不得不提前准备好，某些激烈的冲突将不可避免地在我们眼前爆发。你的儿子可能被朋友激怒，因为朋友没有把他的橄榄球还回来，你要告诉他，他要做的就是提醒朋友一直没有归还橄榄球这件事。请记住，很多时候尽管我们的解释合乎逻辑，却毫无用处，有时我们只能静候结果。

  那么，我们如何正确应对即将到来的冲突呢？孩子发生冲突事件时，我们要保持镇定，这样才不会火上浇油。我们要借水灭火，波澜不兴。

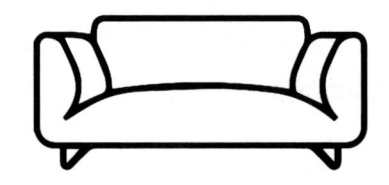

黛布拉·福克斯·詹森伯格心理诊疗室的建议

保持镇定、专注倾听，多数情况下我们不必插手处理，只需耐心等待他们摆脱困境。

帮助孩子控制自己的反应及行为非常重要。在生活中，我们必须帮助孩子学会如何控制自己的情感，这样他们的人生之路才不会冲突频发。

锦囊妙计：让情势简单明了，帮助孩子学会保持镇静，不要急着做出反应。这可能有助于扭转紧张对话的局面，在父母更加心平气和地重启对话前，让孩子学着深呼吸，放轻松，慢慢开口有助于缓解冲动反应，防止发生不必要的冲突。

锦囊妙计：如果你意识到自己的孩子卷入了某一高度情绪化的情境中，我建议你暂时关闭所有社交媒体或手机，让孩子暂时脱离令人不安、压力重重的情境。"Z世代"不知道如何有效断网，但在最艰难的时段需要这样做。

以下几个避免青少年时期冲突事件的建议可供参考。

第14章 冲突不可避免，学会用平静的态度对待

◇ 慎重选择朋友圈。如果有些孩子态度不友好，或有挑衅行为，在加入他们的圈子时要三思而行。
◇ 避开易发生冲突的人。有些孩子总是招惹麻烦或挑起冲突，要让整个餐厅都听到他们大发脾气或呜咽哭泣。这样的现象发生在你身边时，尽量不要与他们接触或卷入其中。你不需要承担其他人的问题或者消极情绪。
◇ 避免道听途说，不管是旁听还是散播。如果有人和你谈论另一个朋友，他们很有可能也会在背后谈论你。
◇ 成为值得信赖的朋友。如果有人向你打听，或是迫使你透露某人的信息，让他们知道你不会转述他人出于信任对你分享的内容。
◇ 避免卷入他人的冲突。尽量不要多管闲事。

锦囊妙计：在不断变化的世界中，有一件事始终保持不变，那就是青少年的冲突事件。对十几岁的孩子来说，他们可能有许多问题要设法应对，尽力规避。倾听孩子的话，将自己对听到内容的理解反馈给他们，并再次声明，你会一直在他们身边给予支持。

对"Z世代"来说，霸凌事件会影响他们一生。他们自幼时起接受的教育便是：伤害、威吓他人的行为会造成身心伤害。教会孩子正确应对霸凌，采取行动，保护好自己，这非常重要。

锦囊妙计：教育孩子的重要一课就是，我们不能控制任何人，特别是用恃强凌弱的手段。我们能做的就是控制自己的行为及反应。不管他们是受害者还是旁观者，最终都要在家长及老师的帮助下学会对霸凌事件做出正确反应。

锦囊妙计：教会孩子帮助他人并自助，这一点非常重要。鼓励他们将自己的遭遇大胆告诉老师、家长或其他能够保证他们安全的成年人。如果霸凌现象没有停止，或许应该通知麻烦制造者的家长。教会孩子远离霸凌事件，避免接触这些事件以保证自己的安全。如果他们看到有人被欺凌，应在确保自身安全的前提下帮助他人。

锦囊妙计：倘若你的孩子是恃强凌弱者怎么办？没有人希望听到自己的孩子欺侮他人的消息，但不要为孩子辩护，而要多倾听，这样你才可能了解到他的需求。另一条有价值的建议就是，在事情发生后要进行善后工作。借此给孩子一个机会，让他们知道自己对他人产生的影响，主动承担责任并且吸取教训。

锦囊妙计：年少时，你如果被附近的无赖嘲弄、威胁或者伤害，你会怎么做？你是否会帮助在吃午餐时受人嘲弄的男孩？还是会一言不发？我们必须教会孩子控制局势，让他们明白，毫无行动只会让无赖认为他们可以再次出拳。

"Z世代"的孩子从未经历过没有互联网或社交媒体的生活。我们面临的问题是，如何在拥有大量信息的互联网上保证孩子的安全。

走进孩子的网络世界,为他们的安全保驾护航。孩子在操场上结识朋友的机会将大大减少,做好准备面对孩子谈及的那个社交平台或通话软件上的朋友。

锦囊妙计:想要开启安全的网络之旅,规则必不可少。你允许孩子上网多长时间?允许孩子浏览哪些网站?允许孩子在社交媒体上发什么样的帖子?是否允许孩子拥有社交媒体账号?这些都是确保孩子安全使用网络的必要保障。如果没有遵守这些规定,只需记住,不管接下来会发生什么,你必须切断电源,对孩子进行管控。

锦囊妙计:最让家长高兴的莫过于学会使用家长控制功能,例如,如何顺利操作安全浏览选项,以及市场上的安全维护硬件产品。选报课程,投入时间去学习你能掌控的各种方法,从而保护自己的孩子!

锦囊妙计:教会孩子在网络世界保护自己。让孩子知道,如果他们不重视网络安全问题,就可能面临一些糟糕的后果。不要在网上泄露自己的个人信息,这一点非常重要。随着孩子步入青少年时期,他们得知道分享密码和照片可能会招惹麻烦。

锦囊妙计:这方面要学习的内容很多。如果我们准备让孩子掌握网络科技,我们就要负起相应的责任。何时准许他们使用网络,可以使用多长时间,使用目的为何,等等,我们要慎重做出决定。让孩子学会按规定使用网络设备。

第 15 章

培养孩子健康的风趣诙谐意识

> 良好的幽默感所具有的潜在优势超乎你的想象。

教会孩子区分活泼嬉闹与适度诙谐，分辨别出心裁与粗鲁无礼，这并非易事，不过这件事是能够做到的。当孩子顺利做到这一点时，就能具有出色的人格魅力。有别于传统理念所倡导的乖乖听话、沉默寡言，我们要鼓励孩子活泼阳光，这能让孩子在成年后将自己融入社交场景，更好地接触身边的人。在我看来，把这件事做好是一项生活技能，甚至是一项极其重要的生活技能。

不要走开，莫要惊慌，随着孩子长大成熟，他们通过语言沟通以试探人际交往的界限是完全正常的。这只不过是孩子表现真我的另一种方式。

为什么我对培养孩子的风趣诙谐意识如此执着呢？奥斯卡·王尔德[1]说过，"风趣是最低形式的幽默，却是最高形式的

---

[1] 奥斯卡·王尔德（1854—1900），爱尔兰作家、诗人、剧作家，英国唯美主义艺术运动的倡导者，19世纪80年代美学运动的主力和90年代颓废派运动的先驱，英国最伟大的作家与艺术家之一。他的主要作品有《道连·格雷的画像》《不可儿戏》等。——译者注

智慧。"因此,看到这里你就知道幽默所产生的影响了。

根据《韦氏大词典》的说法,诙谐是"为了达到幽默的效果,让所用言辞的意义与你的真实本意相反"。在我们的世界中,可以经常发现反语的使用,或者观察到被略微曲解的语意,其广义概念包括冒犯的言辞,不过这并不是我们在此讨论的类型。我要讨论的类型是无意伤害、不具攻击性的玩笑。如果这些玩笑涉及嘲弄他人,或者表达轻蔑之意,那就另当别论了。

我的建议是,培养一个反应机敏的孩子,这会让他们具有潜在的优势。例如,风趣幽默与体贴自控结合在一起,可以提升孩子的创造力,因为他们不得不进行更为抽象的思考。换句话说,风趣幽默刺激了创新思维过程,更不用说在日常对话中更为敏捷地与他人交流了。

有研究表明,风趣幽默的人比缺乏幽默意识的人更具创造力。埃里克·弗拉克在《赫芬顿邮报》的一篇文章中写道:"为何诙谐如此美妙?来自哈佛大学、哥伦比亚大学以及欧洲工商管理学院的科学家非常好奇,诙谐是否会影响人的认知能力。于是他们决定做个小试验。"这些科学家得出结论,"在对话中说出诙谐话语或者听到诙谐话语的试验小组人员,他们的表现超过了那些无此行为的成员。实际上,他们的创造力比其他人高出了3倍。"弗拉克曾说:"诙谐语言的发出者与接收者都必须从心理上明白诙谐的矛盾本质,才能发挥其效力。这一心理过程涉及解释与传递的机制,似乎点燃了创新的火花。"

我们是社会性动物,大多数人在与他人的接触以及交流中得以成长。因此，我们所处的社会形成了才思敏捷的文化。《史密斯尼》杂志[①]中写道："孩子上幼儿园时，他们便开始理解运用诙谐的效力。"家长的责任就是培养智力水平与周围人不相上下的孩子。我们应该在早期就激发他们的幽默感，这样他们才可能理解幽默、诙谐在他们成长的世界中产生的影响，并从中受益。

在今天的文化中，想要培养出能够在这样的社会顺利生存、茁壮成长的孩子，幽默、诙谐十分必要。麦卡拉斯特大学的语言学家约翰·海曼认为："诙谐在实践中已成为当今社会的主要语言。"我们努力让孩子做好准备，要想成功地步入当今竞争激烈的世界，他们必须娴熟地进行交际，用成熟的幽默感武装自己。

根据儿童健康网的报道，"良好的幽默感是孩子可以依赖终生的工具"。并且，"具有成熟幽默感的孩子更加幸福，更加乐观，自尊心更强，可以很好地处理（自己与他人之间的）差异性。"根据我作为父母和教育者的经验，他这种说法是对的。

我知道的一些适应能力强的孩子（还有成年人）都具有难以置信的幽默感。据我所知，这会增加他们的个人魅力。他们知道如何让人发笑，引起人们思考，让对方感到轻松。多年来，

---

① 史密斯尼学会（Smithsonian Institution），由美国国会于1846年建立，是一家半官方性质的世界上最大的博物馆和科研机构组织。旗下拥有14座高水平的博物馆，此外还掌管了很多科研机构。《史密斯尼》杂志是其旗下的在线数字出版物。——译者注

我喜欢的一些孩子已经成长为懂得引人发笑的人，可以轻松地与身边的孩子打成一片。他们不会威胁、疏远或者嘲弄他人，他们友善随和，他们的幽默感能让身边的每个人都感到轻松。

实际上，这是幽默感使然。它教会孩子活泼无忧；鼓励他们反应敏捷；令他们展开多层面思考，成为批判思维者。它可以驱散情绪化、缓解沮丧。更不用说大笑通常益处良多，大笑可以将氧气融入血液，改善大脑功能，有助于缓解诸如情绪崩溃等问题。

学习弹奏乐器、讲一门外语或者学习绘画，都能提升孩子的学习能力，学习幽默也一样。这相当于给孩子的大脑做了健美操。我们鼓励孩子以锻炼的形式参加体育运动，学习一种乐器以刺激他们的神经系统，那么让他们锻炼幽默感的意义不也同样深远吗？

我们是不是希望有个有趣的孩子？

戴夫和我刚结婚时，我们有一对夫妇朋友。他们的儿子克里斯 6 岁大，是一个十分可爱的孩子。他的幽默感不亚于一个伶牙俐齿的脱口秀演员。他有趣又得体，深得身边人的喜爱。

即使只有 6 岁，但他深谙诙谐的精髓。克里斯机智敏捷，反应迅速。我们过去常常祈祷，当我们有自己的孩子时，也要像他一样具有幽默感。当时我们都认为，我们某一天要尽全力抚养孩子，让他跻身诙谐的赛场。20 多年过去了，拥有两个孩子之后，我很开心地说，我们培养了两个格外幽默有趣的女儿。我们的两个女儿都能在对话中畅所欲言，和她们的朋友以及我们的朋友在一起时，她们知道如何抛出、回应或者驾驭诙谐。根据多年来我们听到的有关孩子幽默的评论，我们帮助她们提升诙谐性情的行为是正确的。

由于多数初为父母的人只是期待自己的孩子行为得体，能够在各种社交场合听话少言，因此我意识到在受人喜爱的孩子的特征中，良好的诙谐感并不能跻身前 10 名，不过我认为悦纳一个机智幽默的孩子真的很不错。这对孩子有益，对父母也有好处，因为这可以拉近亲子关系。我们就是这样对待女儿的。事实上，这相当于我们在家举行了一场竞赛，看看谁最诙谐。很显然，大家对诙谐的理解各有不同，你的家人和朋友理解你的话，而其余人可能理解，也可能不理解。人们对你诙谐的回应是试金石，这能帮助我们衡量哪些人和我们最相似，从长远来看我们更适合与谁交往。

我清楚地记得我们第一次真正讨论到希望拥有何种类型的孩子时，我们一致认为，不管他们生来具有何种性情，作为父母都由衷地希望他们能形成健康的幽默感。诸位知道，一个人生来具有的特定基因，会给予他们适时营造欢乐氛围的完美天赋。看到我们的女儿说句俏皮话，能让大家开怀大笑，有所感悟，没什么能比这件事更让我们欣慰了。

现实情况是，并非每个人都有给予、接受，甚至理解诙谐幽默的天赋。这就像并非每个人生来就有节奏感，都能飙出高音，或者拿起吉他就能弹奏。就像我们所学的大多数技能一样，多进行一些练习，投入一些耐心，保持开放的态度，这样我们便可以掌握幽默的技巧。我们鼓励孩子发挥主动性，要活泼风趣，这有助于轻松培养他们活跃的思维。

传授给孩子幽默的艺术不亚于给予他们一个贴身保护层，当他们与他人接触时，幽默有助于他们隔绝压力并度过艰难时日。

各式各样的幽默

社交场合的幽默各式各样，诙谐只是其中一类。在即兴表演中，有抛段子式的、自嘲式的、冷笑话式的，也有脱口秀式的，不管吸引孩子的是哪种类型的幽默，我们的责任就是鼓励他们发展内在的幽默细胞。孩子展示他们诙谐一面时越轻松，他们应对生活中挑战的准备就越充分。

> 孩子们越早置身于幽默的氛围，当他们成长为青年人时，便越有可能表现出幽默感。尤其在我们生活的这个社会，提升幽默感大有裨益，我们都能从捧腹大笑中受益。

孩子年幼时，没有甄别的能力。他们听到好笑的内容，加以模仿，无论在何种场合，采用何种方式，他们获得了人们的笑声和关注。事实上，这并不总是好事。不过在适当的条件下，得体的诙谐可以在家长富有爱心、善用幽默的引导和支持下得到培养和提升。

不分场合、不分对象地卖弄诙谐，有时候是行不通的，举个例子，你走到某个刚刚认识的人面前，对他说："嗨，你总是这样吗？这太蠢了。今天你有没有更加努力呀？"这样的做法很糟糕，惹人生厌且粗鲁无礼。不过当我的侄女年幼时，学习编头发遇到困难，这时开玩笑式地批评她是另外一回事。比如我可以一边说"这辫子看起来真棒呀"，一边对她眨眨眼，开始重新编辫子，这完全没问题。因为这时我们已经确立了关系，我们都理解彼此说话的方式和内容。最重要的一点是，我们应该教会孩子洞悉周围的环境，例如他们身处的情境，他们身边是什么样的人，以及他们与接收信息者之间是何种关系。这样做的话，当他们本意想达到幽默轻松的效果时，说些批评的话就不会让自己或者他人难堪。

我们还必须帮助孩子理解，诙谐与他们所说内容以及说话方式之间的关系同样密切。这就意味着，当我们帮助他们形成恰当得体的诙谐感时，我们必须将语气以及声调变化纳入传授内容。我的意思是，"诙谐有时取决于语音语调。这些诙谐的例子都是对人或者情境做出的回应，只有用诙谐的语音语调说才能达到预期的效果。"

第15章 培养孩子健康的风趣诙谐意识

> 和其他技能一样,孩子在对话中有效发挥幽默感的能力,可能需要一些时间才能形成。

通常,戴夫和我喜欢用诙谐的方式教育孩子,"现在,我完全理解为什么动物会吃掉幼崽。"无论何时我都会提醒两个女儿,在她们回到家休息时要把自己的卧室收拾整齐,这时她们就会拾起地上不知是谁的发卡,说道:"好吧,给你。万事大吉。"

记住,教会孩子如何应对诙谐同样重要。如果他们要和家人朋友分享诙谐,他们必须懂得如何让听者领悟到其本意。或许会有这样的时刻,听话的人义愤填膺,幽默被曲解了。学会接纳幽默是另一个需要施教的内容,前提是我们的思维要保持灵活。

适时无害的风趣诙谐与尖酸刻薄之间泾渭分明。为此,戴夫和我有意培养孩子掌握其中的差异。我们两人深知,孩子极其容易跨界,把全无恶意的话语变为粗鲁无礼、会激怒对方的打趣,作为家长,一定要杜绝这一点。

我们要悦纳并培养孩子性情中所有美好的特点,幽默这一特征也不例外。它的诀窍在于指导孩子在日常生活中适应幽默、诙谐的场合,把握时机。开始时,在小范围适应,如在自家范围内。在你让他们与他人接触前,尝试在聊天中练习几次。让他们进入状态,熟悉可以说什么,不能说什么。日积月累,一旦他们有了权衡能力,就可以让他们在大庭广众下自主行事。

如果他人因你的孩子得体的诙谐而对你妄加评判,告诉他们,你正在鼓励孩子练习幽默感,而且他们也应该这样做。

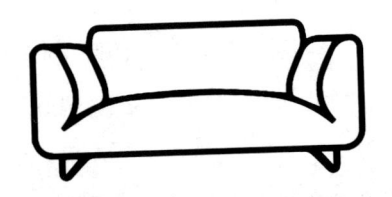

黛布拉·福克斯·詹森伯格心理诊疗室的建议

孩子们越早置身于幽默的氛围,当他们成长为青年人时,便越有可能表现出幽默感。尤其在我们生活的这个社会,提升幽默感大有裨益,我们都能从捧腹大笑中受益。

家庭生活可能因不得不完成的各种事务而陷入困境。在很多场合发挥幽默感可以舒缓情绪,因为不期而至的笑声可以让氛围变得更轻松。一起开怀大笑的家庭会拥有更多的欢乐时光。

锦囊妙计: 为了培养幽默感,你必须营造时机促成此事。参与到趣味活动之中,例如阅读漫画读物,彼此谈些不会引起分歧的玩笑,一起观看喜剧电影。形成一种家庭传统,其中要包括分享一个搞笑的家庭事件。举个例子,在圣诞节的清晨或者万圣节前夜，大家都穿上连体睡衣。在与家人一起分享有趣的体验时，孩子的幽默感可能随之得到提升，以此与家人一起营造欢快美好的回忆。

锦囊妙计：以身作则，这一点与培养任何技能一样。如果你想家中有笑声，就在家中营造欢乐氛围。适时讲个笑话，讲笑话的时机以及讲哪种类型的笑话，这一点取决于观众，对此要进行适当提点。孩子们在观察我们，我们要为他们提供一些趣事进行观察学习。

锦囊妙计：惩戒孩子的时候，我们必须把握好坚定立场与关心爱护之间的尺度。在教养孩子时舒缓情绪的另一种方式是，让施教的时刻轻松些，尝试巧用简单易行的幽默方式，和孩子交流我们需要施教的内容以及必须遵守的规则。

和其他技能一样，孩子在对话中有效发挥幽默诙谐的能力，可能需要一些时间才能形成。

锦囊妙计：你是否营造过一段开心时光，你的孩子在这一过程中却将它推向了有些离谱的程度？孩子不知什么时候该适可而止。如果我们在家中巧用幽默或诙谐，我们就是在传授巧用的方法，这是我们的责任。孩子并不总能知道何时是讲笑话的恰当时间，或者什么样的内容可能会被视为不合时宜，所以花些时间解释这些重要的细节，善用可以施教的时刻。

锦囊妙计： 孩子们通常通过电视、YouTube网站以及书籍接触到幽默诙谐。在看到其他人制造诙谐氛围时，你要帮助孩子区分各种各样的沟通方式。讲几个笑话，或者试着说些合情合理的诙谐言论，借此让他们进行练习。

锦囊妙计： 幽默诙谐必须小心谨慎地加以运用，否则可能会伤害感情。接触幽默诙谐的机会越多，对恰当运用二者的理解便越深刻。为孩子营造空间，以便于你了解在幽默诙谐令人费解时，他有何感受或者有何想法。因为有时一个人觉得有趣的事，另一个人可能不这样认为。

第 16 章

网络是大众生活的一部分,还是习惯为好

我们必须让孩子知道网络科技的应用有其时机与场合。

回想我们的孩提时代，我们自娱自乐的方式与今天孩子的方式截然不同。我们年轻时，有诸如马克笔、彩纸、滑板以及租借的录像带之类的东西。此外，还有捉迷藏、芭比娃娃以及特种兵玩偶。实际上我们还会玩抓人及爬树等游戏。除了偶尔滥用自己看电视的权利，我们并没有利用各种时间盯着屏幕，而这正是今天孩子们的娱乐方式。在许多方面，过去的生活更为简单。不过随着社会的发展，人们的生活水平得到提高，孩子的生活亦随之提高。我们现在要承担起责任，对投入网络科技以及电子设备的时间加以限制，鼓励孩子腾出时间做更有意义的事情。

当今孩子的生活发生了翻天覆地的变化。平板与手机、游戏机、电脑等，这些东西让他们应接不暇，这些设备无论大小都适合装入他们的背包。他们轻触屏幕，拖动图标，耗尽精力。除此之外，还有琳琅满目的"傻瓜"设备可供选择，这占据了他们大量的时间。这些选择最明显的缺点就是让孩子放弃了既往消磨空闲时间的方式，更不用说腾出时间和父母待在一起。

第16章 网络是大众生活的一部分，还是习惯为好

这类网络科技对孩子而言代表了一种全新的娱乐方式，我们在成长中体验到的任何事物都无法与之相比，这会让他们远离选拔赛、自行车骑行、下午的环跑以及其他游戏活动。现在，随着网络科技的普及，孩子在很小的时候就投身到源源不断的电脑或手机游戏以及媒体活动中，这是我们未曾接触过的事物。我们在孩提时代能做的就是坐在电视机前，直到深夜电视停播，不然就沉迷在书本中。除此之外，我们不得不另找些事情来做。

网络科技无时不在

我们的孩子不必像我们那样创造娱乐活动，所有他们需要的活动在某种应用软件或某个网站上都有，只需轻点鼠标就能获得，省去了思考过程。活动的内容源源不绝，宛若他们有了一个不会离开的朋友，一个随时待命的保姆。他们甚至不必离开自己的房间，就能得到形影不离的陪伴，享受接连不断的娱乐活动。

事实是，我们正费力地从网络科技的便利中争夺孩子的关注，而我们的父母从不需要用这种方式来获得我们的关注。几乎是在我们的孩子刚学会走路说话时，他们便被网络科技包围，这给我们出了一个大难题，因为网络就是他们熟悉的一切。

他们可以全天候想去哪里就去哪里，实际上，他们这样做时从未离开过沙发。口袋大小的设备，有了它就能解决一切。缺点就是他们不再亲自去经历。有了这些炫目迷人的小设备，

孩子受到诱惑，远离传统的娱乐方式，例如外出锻炼以及发挥想象力。他们用于面对面交谈的时间越来越少，在越来越多的时间里与世隔绝，紧盯屏幕。他们加入在线游戏社区，沉迷于虚拟游戏，不再走到室外挥洒汗水，锻炼他们的身体以及创新思维的能力。总的来说，他们现在的活动没有多少益处可言。

所以，每位家长的头脑中都有一个大大的疑问："是不是网络科技摧毁了我们的孩子？"是不是耗费在屏幕上的时间毁掉了孩子的身心健康，妨碍了孩子的生长发育，扼杀了孩子的思考能力？这个问题不易回答，因为，答案很大程度上取决于我们如何安排他们投入各种电子设备的时间。

> 上一次全家人度过远离网络科技影响的一天是什么时候？再次尝试这样做，你可能会玩得很开心。

把自己锁在房里，终日与数码产品打交道，这是众多未成年人愿意选择的做法，那么除了严重缺乏维生素 D，孩子还会出现肌肉没有张力，失去人际沟通能力、毫无忍耐力等问题。

当我年幼的孩子拥有第一部手机时，我感到难以形容的如释重负，我可以随时找到她们，和她们取得联系。作为母亲，这就像拥有世界上距离最长的脐带，与两个孩子紧紧相连，这是网络科技真正具有的优势。

在我的女儿们年幼时，脸书、推特之类的新事物还没出现。她们玩的基本上是多人在线游戏。在小小的虚拟世界中，她们

第16章 网络是大众生活的一部分，还是习惯为好

可以和其他孩子一起，在精心装扮的网络世界里消磨时光。这里充斥着有限的聊天功能以及某些漫画人物。尽管多数游戏尚处于初级阶段，我的大女儿依然不惜皮肤黑色素加深，也要设法在房间里玩游戏。直到我们中午拉开她的窗帘，看到直晒的阳光对她造成的影响，才意识到她有些过分痴迷。不必多言，我们拔下插头，把她丢到后院，让她去爬树，呼吸新鲜空气。不久她就明白了，数小时待在电脑前，她的损失有多大。

有关网络科技的重要问题就是孩子对上网时间永远不满足。由于孩子各有特点，每个家庭的规则也各有不同。一些孩子自我约束的能力天生就比其他孩子强。对于那些更容易被网络科技吸引的孩子，必须加强管制才能迫使其断网。

就手机而言，我的两个女儿进入四年级时，都得到了最简单的翻盖手机，没有信息功能，不能联网，只能接打电话。

然而数年后的今天，很多事情发生了变化。现在的孩子早早就开始使用智能手机。相较于之前功能简单的手机，现在的孩子随身携带的是新款手机。为了吸引顾客，手机拥有无限的流量以及多种功能。我看到8至10岁的孩子从我身边走过，戴着200美元一副的入耳式耳机，手机比我的款式更新颖，功能也更多。

时代飞速发展变革。据相关报道，"年龄在10至12岁之间的美国儿童，大约有45%的人拥有自己的智能手机，该手机提供售后服务。"即便如此，我们还是可以看到孩子随身携带比自己的脑袋还要大的平板电脑的现象已日益成为主流。他们人手

一部这样的设备。不要忘记，如果我们注意到了他们拥有的事物，可以肯定你的孩子也在留意哪些人有什么样的东西。问题便出在这里。

"Z世代"的交流模式不同以往

我们应该帮助孩子学会平衡消耗在电子产品上的时间以及其他投入。因为随着孩子年龄增长，他们要面对的上瘾现象与我们成长中遇到的现象不同。他们要与来自各种设备、社交媒体源源不断的诱惑进行抗争，我们多数人不能理解，因为这种移动科技在我们孩提时代并不存在。

二三十年前，我们没有那么多的选项，占据我们时间的活动无外乎是去服装公司或百货公司购物。尽管选择有限，但我们总是乐在其中。

身为在网络科技驱动下成长起来的第一代人的家长，我们身处未知的领域。我们是先驱，培养出了精通网络的第一代孩子。我们中的多数人都是一边前行一边摸索规律。我们不得不熟悉孩子的线上活动、需要通过手机完成的操作，我们必须掌握这些内容。对于年轻的父母而言，这令人紧张不安。不过我们要明白，这是他们时代文化中的一部分，为此，对于孩子进行网络沟通以及上网的问题，我们不必过于紧张。

我们必须每天提醒自己，和我们不同，我们的孩子在成长过程中很少通过电话进行交谈。不可否认，数码科技已经成为交流的全新方式。这是一个全新的世界。我们的孩子很难脱离网络科技。如今孩子连在校时都坐在计算机前，网络技术与他们如影随形。事实上，《纽约时报》上的一篇文章称，"（全美）超过半数的中小学生，3000多万人在使用谷歌公司的教育应用软件。"这是一个庞大的数字。

我坚定支持设定底线！

我是网络科技的支持者，因为它带来了显而易见的好处。首先，网络让所有人密切地联系在一起，这也是想要密切关注自己孩子的家长的福音。其次，网络科技给予孩子不受限制的条件来探索自己的创造力。不管让他们着迷的是艺术、音乐、设计、摄影还是其他内容，只需轻点鼠标，他们就拥有了整个资源库。不过还是要确保适量与适度地使用网络。

我们家有一条"餐桌上无电子设备"的家规，我们今天还在沿用。戴夫和我带头示范。包括我们在内，在厨房，在餐厅，或是在某位朋友家，不允许任何人拿出手机或者游戏机，这就是规矩。坚持一段时间，就能成为习惯。相信我，不管何时我们外出，我们的孩子都会留意谁做了哪些事，谁没做哪些事。她们还知道，永远不可以边看手机边和我谈话，那种行为粗鲁无礼。我们认为这件事关乎礼仪，没有商量的余地。

目前我们生活在一个移动科技的世界，人们期望我们的孩子在学校以及在工作中使用网络科技保持联络。这是社会发展的结果。不管我们身边的人怎么做，家长有能力强制执行某些规则。**对孩子制定规矩，确保他们在成长中知晓，网络科技在我们的世界有着特定的作用和地位，这是我们的责任。**

　　有研究表明，年幼时接触过多网络科技是有害的。"屏幕时间设置过长会对孩子产生有害的影响。"对孩子而言，在屏幕前耗时过长会引起各种问题，包括肥胖症、睡眠问题以及行为矫正问题，甚至暴力倾向。

　　我的孩子年幼时，社交媒体的运用对她们而言似乎并非主流现象，不过世界正飞速发展，我的孩子在5年前才开始有苹果手机，现在学习使用新应用软件以及界面，堪比周末从零开始学拉丁语。

　　记住，可能让人上瘾的事物已经出现。为此，我们必须掌握孩子的行为及该行为占用的时间。我们必须确保我们的权威性。因为如果没有设定任何期望值或者规则，多数孩子是没有自我约束能力的。

> 任何事情都过犹不及。你如何知道过度使用网络科技会引发问题呢？任何事物，只要它每天都在妨碍我们的生活品质，就值得关注。

　　在我们家，即使戴夫为微软公司工作了10多年，我们也总是被最新、最火的网络科技包围，但我们知道底线对于我们的女儿来说有多重要。我们知道**不管虚拟世界多么激动人心，都**

第 16 章 网络是大众生活的一部分，还是习惯为好

永远不能代替现实世界。所以我们坚持让我们的孩子踏上滑板车，骑上自行车，去爬树，去远足，把她们的电子设备抛在脑后。

我们制定规则，加以践行。在孩子很小的时候，我们就教导她们不要依赖电子设备。我们教她们经常仰望天空，这样她们就不会错过身边的世界。纵然她们拥有掌上科技，我们也要确保她们知道如何选择身边的社交、情感关系。我们提醒她们，如果与人共处一室，却仍从另一个房间给我们或者她们的朋友发信息，这种做法不合适。

当我的女儿上语法学校时，有位家长来找我，她抱怨自己无法让女儿放下手机。她对我哭诉孩子的注意力不断被分散，她不知道有什么办法能避免她们过度沉迷。对于这种情况，我提醒她，家长是引导者。她是制定规则且购买手机的人，她为手机付服务费。我认为，对她而言这是决定成败的时刻。我直言不讳地告诉她，身为家长她出现了失误，孩子滥用她提供的网络科技，因此这一问题的责任在她身上。

因此，防止网络科技毁掉孩子的责任在我们身上。尽管让他们生活中的所有事务达到健康状态看似颇具挑战性，但其实并没有那么艰难。不管什么事，我们都必须坚持原则。如果他们对此不认可，那么在必要的时候，我们可以采取断网等强制措施。

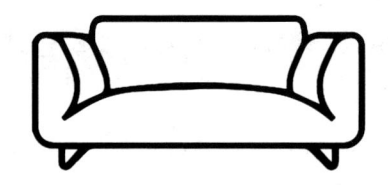

黛布拉·福克斯·詹森伯格心理诊疗室的建议

上一次全家人度过远离网络科技影响的一天是什么时候？再次尝试这样做，你可能会玩得很开心。

锦囊妙计：你在要求孩子断网前，要提前规划，营造一些促进交流的家庭活动时光，运用这些活动进行沟通。如果把它列入日常活动的计划中，就不会太糟糕。

锦囊妙计：享用一日三餐时不允许看手机或电视。提醒所有人用这段时间来复盘自己一天的经历，提前规划第二天的日程。这会减少孩子在晚餐期间的社交机会，还能让家长把注意力集中在孩子身上。

锦囊妙计：让孩子腾出耗在屏幕前的游戏时间来参加家庭活动。为一起完成这一活动创造机会，进行互动，举行竞赛或向其他家庭成员发起挑战。

锦囊妙计：将家里的所有电子设备摆放在一个房间内，指定特定的地方，不使用时就把它们放在那里，歇一歇、充充电。如果不得不让它们远离孩子迫切渴望的小手，就把它们锁起来。

第16章 网络是大众生活的一部分，还是习惯为好

锦囊妙计：作为面对屏幕以及网络生活的成年人，我们要记住美好的旧时光。身为社会的一员，我们从接触到的众多网络科技中多有斩获，不过我们还有需要学习探索的内容。在家中举办远离网络科技的活动，有助于取代对电子设备的痴迷。让孩子回归现实生活，借此让他们明白人们过去的生活状态。

任何事情都过犹不及。你如何知道过度使用网络科技会引发问题呢？任何事物，只要它每天都在妨碍我们的生活品质，就值得关注。

由于越来越多网络科技的应用，"Z世代"很难有线下的娱乐活动。对于这一代的许多孩子来说，久坐不动也是一个令人担忧的问题。所以对于在屏幕前耗费的时间，不要避而不谈，尤其要慎重对待自己使用网络的情况，因为如果期望孩子改变自己的行为，你要以身作则。

锦囊妙计：最近电子设备有了个人使用情况的统计功能。你要熟悉孩子的电子设备安装的"屏幕时间"框和最新的应用软件以及使用系统，你可以控制应用软件、网站和电子设备的使用时长。为孩子设立规定和期望值，提醒他们不要过度沉迷。

锦囊妙计：在孩子接触电子设备之前，花些时间看看有关网瘾的警示语。你可能认为这不会发生在你或你的孩子身上，不过由于家庭以及学校越来越多地使用网络，因此较之以往，网瘾现象发生得更为频繁。

◇ 如果你给孩子设立一条规定，他们就会不断检查自己的配额时间。

◇ 如果你问孩子，最后一次与自己的朋友相聚是什么时候，他们最后一次通过网络进行社交联络是什么时候，那么就会发现网络确定无疑地干扰了他们的社交生活，影响在现实中与人交流的能力。如果在没有电子设备的情况下，你的孩子与亲朋好友的社交互动存在问题，这可能就是一种信号，需要引起你的关注。

◇ 如果网络是你和孩子争论的源头，会导致纠纷或者行为问题，而且孩子无法轻易断网，这就是一种信号，提醒你必须有所改变。在要求他们放弃自己的电子设备时，努力戒除网瘾的孩子可能会发出回避的信号，如果你频频看到自己的孩子暴躁易怒，容易产生挫败感，沉默寡言或者沮丧失落，就需要及时沟通加以解决。

◇ 在规定的使用时间结束后，等到晚上收走设备，或者作为惩罚，让孩子失去使用设备的权利时，你是否抓到过自己的孩子偷偷摸摸地使用手机或者平板电脑？他们似乎感觉不过瘾，所以编造谎言要求延长使用时间，这类行为都需要你更加严肃地对待。

你的孩子可能还未上瘾，然而，我们还是要采取预防措施，知道发现何种现象便能确定他们出现了问题。关于网络的问题，不仅要关注孩子在电子设备上用了多少时间，还要关注他们如

第16章 网络是大众生活的一部分，还是习惯为好

何利用电子设备，这一点非常重要。关注家中网络设备的使用情况，从而了解他们在日常事务中形成的习惯，在有必要时加以调整。

第 17 章

提醒孩子他们不可能拥有一切

孩子越早学会分享越好。

有时我们不得不进行分享。并非因为我们想要这么做（例如，放弃那块看起来香甜可口的生日蛋糕上那朵大大的鲜花），或者因为我们有义务这样做，而只是因为人们必须这样做才能和睦相处。遗憾的是，并非每个人都能顺利进行分享，教会孩子做到这一点可能压力重重，不过这是一种多数人意识不到的十分重要的生活技能，不管孩子想不想这样做，这都是他们不得不面对并且要学习的内容。

普通人通常可以接受这一点并进行分享，即使这并非我们的首选。多数成年人已经领悟到分享的重要性，但对于年幼的孩子来说，学会舍弃绝非易事，要舍弃我们喜欢的事物时更是如此。

和我们培养孩子必须学习的各种生活技能一样，我们要对他们不断强调乐于分享的美德，因为这将是他们一生都应具备的品质。我们要尽早开始，因为在很多情况下，如果你让孩子们聚在一起，就有可能发生拉扯头发或情绪崩溃的现象。如果他们中的某一个想要其他人的东西，这种冲突便自然而然地发生。所以，我们要教会他们，分享是生活中必不可少的内容，且这种教育开始得越早越好。

可以预料到，蹒跚学步的孩子放弃某件东西时的表现会很糟糕，因为他们以自我为中心，是自私的小家伙。这是事实。不过我们都期待着那个不愿意把东西从手中递出去的小家伙，最终成长为慷慨大方的幼儿园小朋友、乐于分享的青少年。问题是这件事往往不能尽如人意，也不会太轻松地实现。因为分享一词及其蕴含的理念对小孩子而言毫无意义。他们不明白有什么合理的理由让他们必须学会舍弃自己的玩具或者看法，让他们的朋友荡秋千，至少不能马上明白。

你是否拥有对你而言珍贵无比的东西，根本不可能把它分享出去呢？对于年幼的孩子而言，这种体验适用于自己拥有的每一样东西，他们的小毛毯、填充动物玩具、果汁杯或者袜子。分享意味着关爱，花些时间向他们说明如何做到这一点。

强力塑形

孩子最终会领悟到他们必须进行分享，或者让其他人有机会享用他们的东西，不过这种变化不可能一蹴而就，纵然我们迫切地希望如此。分享在很大程度上是需要习得的技能，它是必须进行学习、强化的一种能力，这一过程似乎会永远延续下去。为此，我们必须尽己所能，不知疲倦地向他们灌输这一理念。

从理论上讲，孩子要到5岁左右才能尝试理解何为分享。巧的是这一时期他们开始上学，经常与其他从未进行过分享的孩子进行交流。无须担心，一般情况下孩子们可以被塑造，就像橡皮泥一样。我们可以把他们挤压按制，塑造成合适的形状，最终他们会以这种方式硬化成形。

教授孩子这些技能时，我们应当发挥创造力。这有点像悄悄把蔬菜放入孩子的午餐时，我们必须发挥创造力一样。诸位知道，我们要把蔬菜碾碎，让孩子无法辨认，然后把蔬菜伪装成其他食材，这样孩子们就无法觉察。灌输认知也要用同样的办法。

我们可以创建一种游戏，如此一来，他们可能察觉不到我们实际上是在让他们学习生活的技能。试着记录一下有多少次他们为他人扶门，有多少次说了"请"和"谢谢"，多久在家清洗一次碗碟，多少次在游戏聚会时分享自己的玩具。然后我们要给予一定的表扬，表达认可，表示他们这样做是对的，而且我们想要他们记住这一点。

把分享变为一种游戏，这样他们就意识不到我们实际上是在让他们学习一种宝贵的生活技能。

遗憾的是，并非每个人都有分享的天分。包括孩子以及成

第17章 提醒孩子他们不可能拥有一切

年人在内，有很多人就是没办法进行分享，不管别人多少次教导他们应该这样做。作为母亲，这种现象只会增强我们要教会孩子分享的决心。

孩子在分享时有些勉强，这很正常，尽在我们意料之中，这只是学习过程中的一个环节。不过我们都见过完全缺乏分享能力的成年人，看到他们身上的这种行为时，你真的会大失所望。

我们多少能预料到孩子身上会有此行为，因为孩子天生具有领地意识，他们还很容易固执己见，因此学习如何合作一事对他们来说尤为重要。年幼的他们完全不具备舍弃的能力，但我们是成年人，因此**以身示范正确行为的责任就落在了我们身上**。为我们的孩子着想，我们必须把这件事做好。

> 实际上，在生长发育的各个阶段，我们的孩子都在观察我们。他们的观察结果会影响他们的判断、决定，最终塑造他们的行为。因此，我们在教育孩子时必须以身作则，时刻注意自己的行为。

我的女儿年幼时，在印象最为深刻的幼儿园阶段，我常常故意在我们和女儿一起看电视时，偶尔让戴夫掌握遥控器。毫无疑问，我不想放弃观看美食频道的节目的权利，不过不管怎样我还是放弃了，这是一次精心、慎重策划的教育子女行动，为了给我的孩子示范正确的行为，我会一直做类似的事情。例如，我极其渴望在晚餐时吃意大利菜，但还要公开征求家中每个人的意见，询问他们想去哪里就餐。我还常常任由女儿们挑选她们在车上收听的音乐，尽管这是一种折磨。然而这并不能阻止我的孩子偶尔行事偏误，不愿意分享。我认为这确定无疑地强化了我的观点，即每个人都必须学会分享。由于戴夫和我一有机会就付诸行动，这种行为得以自上而下沿袭下来。

但是没有哪种养育子女的路途会一帆风顺，我们的孩子有可能忘记某些交往规则，忘记规则的概率至少和记住的概率一样高。其中特别容易忘记的是分享的规则。这是我们在养育孩子的道路上不得不经历的一段旅程。值得庆幸的是我们做到了，只不过经历了九万里的旅程才成功。

因此，分享是又一门孩子要花时间才能消化领悟的课程。我不打算粉饰太平，所以我承认这是一场场持续不断的挑战。我们总是要进行不同程度的分享，例如分享我们的空间、时间、朋友或者观点，我们要娴熟地做到这一点，否则人生之路将会崎岖难行。多数人在一生中都要与他人进行交流。我们越早让孩子接受这一观点，生活才会越美好。

那么我们如何帮助他们呢？孩子不愿意把芭比娃娃交给他人，不肯分享碗中的葡萄，不许另一个孩子上场击球，这时我们如何处理呢？我们不要强迫他们进行分享，因为我们强加给孩子的事情，出于本能他们总会加以排斥。相反，我们要大力宣传这样做的益处，例如这会让他和分享之人感觉良好。不仅如此，如果他们进行了分享，也会促使其他孩子与他们分享，于是分享就会更具吸引力。一有机会我们就要鼓励他们进行分享。我们要引导他们掌握何时是分享的适当时机，何时不必进行分享。这就是我们教会孩子分享的方法。

我们可以运用一些工具，例如公平划分时间的计时器。如果孩子无法靠自己做到，那么我们便暂停进行他们无法舍弃的活动。不要让孩子出局，只需淘汰他们难以放弃的事物。然后我们对此进行解释，直到每个人都能进行分享。我们要保持事态始终向积极的方向发展。我们要亲身示范，确保孩子能看到我们的行为。我们要让这种示范成为施教的最佳方法。

让你的家成为分享的天堂

事实上，拥有他人想要得到的事物就意味着占据了有利地位，孩子们在生活中早早便注意到了这一点。为此，我们必须培养孩子学会分享，乐于分享。如果在我的女儿上二年级的时候，她不想让苏西玩她的玩偶，她就很难学会如何在以后的生活工作中与他人合作。这就是残酷的现实。

刚开始的时候，让别人使用我们的东西或看到别人拥有我们想要而没有的东西，会令我们感到痛苦。但是让别人有机会得到某物，并不意味着我们永远失去了它，这并非是永远的馈赠。这种事通常有来有往，至少理论上是这样。**分享意味着很快你也有机会得到他人的分享**。这是我们必须对孩子强调的一项关键内容，且要反复强调。

与此同时，人们不应该期待孩子分享所有东西。保留一些他们独有的特殊事物当然没问题。不过如果按照我的女儿们的意愿，那么她们成长过程中每件独有的事物都能归入此范畴，这就可以钻空子。但平心而论，几件特殊的玩具或衣物属于我们，而且只属于我们，是没错的。

如果身边没有一个人可供分享怎么办

独生子女的家长总会担心自己的孩子长大后不知道如何分享。我知道这种感觉，因为我就是独生女。我就是那个长大后对家中的一切拥有所有权的孩子，因为不存在竞争。但并不代表我不可以拥有分享的能力。

多年来，就如何意识到我有可能成长为一个被宠坏的孩子这一话题，我和我的母亲进行了多次交谈。坦率地说，大家都默认独生子女的确有此殊荣。多数人听到独生子女，会不假思索地认为他们具有某些性格特征，诸如被过度宠溺、以自我为中心等。相信我，在我的一生中，有不计其数的人告诉我，当他们发现我是独生女时有多震惊。他们感到惊奇，因为我从未表现得像个模式化的独生女。我总是乐于分享，敏感地注意到他人的情绪，热衷于成为运动队员。这就是我成长的方式。

即使我不必想方设法赢得父母的关注，不必与兄弟争夺遥控器，但我还是早早就领悟到，我并非处于宇宙的中心。我的父母教会我要常常关心身边的人，见机行事，因为我们生活在

第17章 提醒孩子他们不可能拥有一切

一个广阔的世界里，每个人必须与周遭环境和睦相处，没人在意你的成长有没有兄弟姐妹相伴，大家在意的是你是不是一个理性、友善、体贴的人。

在我看来，体贴、周到这样的性格并非遗传得来。关心体贴他人要靠我们习得。我们自上而下进行学习的过程中，家庭环境有关键影响，家长一步一步地在家庭中设定环境基调。孩子的行为就是我们营造出的环境所产生的直接结果。

所以如果我们培养出的孩子傲慢自大，不知道如何进行分享及关心体贴他人，那么我们会自然而然地推断，孩子是从某个地方学会这些不良品行的。这种情况下，我们应该揽镜自照，因为我们极有可能是问题的根源。

如果我们不教育孩子学会分享，那么他们就不会把球传出去；如果我们不教育孩子必须亲切友善，那么他们在他人面前就会表现出傲慢自大；如果我们不教育孩子学会包容每个人，那么他们就会虚荣势利。就是这么简单。

在多年的学校工作中，我见过许多娇生惯养的孩子。我同他们的父母交流后发现，他们就是自己父母的复制品。他们粗鲁无礼、固执己见、颐指气使。这些孩子在艺术课上索要所有的新蜡笔，或者当他们不能坐在好朋友身边吃午餐时，他们会大发脾气。我的孩子在分享方面也做得并不好，轮到其他孩子在班里大声朗读，而她们没机会时，她们无法应对。自私自利的形式也多种多样。

鉴于有其他人与我们的孩子一样想要得到某物，所以我们要教会孩子体贴周到，富有同理心，这一点至关重要。教会孩子放弃沙盘游戏的内道位置，因为其他人可能也喜欢这个位置，这样做实际是在帮助他们培养慷慨大度的品质。这种品质可以伴随他们走过漫漫人生路。

除了为孩子树立榜样，我们还必须坚定不移地付出努力，把遥控器交给他人，一起选听车载广播，分工完成家务活，因为不管我们是否意识到，孩子都在观察。他们观察我们的行为，聆听我们所说的每一句话，进行高度模仿。由于我们是他们最初的行为榜样，所以我们必须在这些事务中表现出分享的品质。懂得分享的孩子受教于懂得分享的父母，父母是重要的源头。

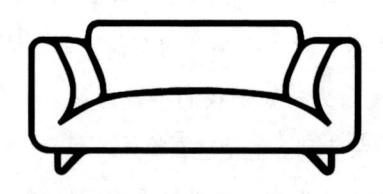

黛布拉·福克斯·詹森伯格心理诊疗室的建议

你是否拥有过对你而言珍贵无比的东西，根本不可能把它分享出去呢？对于年幼的孩子而言，这种体验适用于自己拥有的每一样东西，他们的小毛毯、填充玩具、果汁杯或者袜子。分享意味着关爱，花些时间向他们说明如何做到这一点。

第 17 章 提醒孩子他们不可能拥有一切

锦囊妙计：让狗学习挥手动作时，我们会给它食物以强化这一行为。同样的道理，教育孩子时，我们该怎么做？最好的办法就是激发兴趣，鼓舞动机，积极强化，最终促成新的行为。

锦囊妙计：不管你的孩子是 5 岁还是 15 岁，如果他们没有准备好分享某件私人物品，那么你可以给孩子一个空间用来盛放暂时不在分享之列的物品，这会让孩子感觉到他们有话语权，可以减轻他们的焦虑感，或者由分享带来的不适感。这样，当他们做好准备进行分享时，就可以根据自己的主张行事。这有助于增加他们未来进行分享的可能性。

锦囊妙计：在提到分享时，我们往往想到的是实体物质。然而有时，分享还包括给予他人帮助，为他人腾出时间空间，等等。如果家庭事务繁多，有好几个孩子需要照顾，有大量的任务需要完成，那么分享自己的时间去帮忙，就是提供帮助的好方式。鼓励孩子以这种方式进行分享的一个方法就是，使用"如果……那么"的情景脚本。例如，"马修，如果你可以和我一起分享这把舒适的大座椅，那么我可以分享我的时间，给你和瑞恩两人讲一个故事。"或者，"乔伊，如果你能分享那个紫色猫的幽默故事，或许能把你的小妹妹逗得开怀大笑。"

锦囊妙计：较之其他技能，分享可能需要某些孩子投入更多的时间才能实现。在家中创造机会，让孩子练习如何请求他人进行分享，以及如何主动分享给他人。这样孩子会意识到分享并非困难之举。

实际上，在生长发育的各个阶段，我们的孩子都在观察我们。他们的观察结果会影响他们的判断、决定，最终塑造他们的行为。作为家长，我们在教育孩子时必须以身示范。因此，**请注意自己的行为**。

你是否还记得，在你成长过程中出现过某个人，你特别想成为他的样子？你是否想穿一件和朋友一样的牛仔夹克？你是否想留和吉他老师一样的长发？你的孩子是否想，像妈妈那样歌唱，或者像爸爸那样刮胡子？孩子未必会成为家长那样的人，但是孩子的行为和我们的极为相似。

锦囊妙计：通过观察进行学习，是个人处理信息的常见方式。年幼的孩子聆听、观察周围的人的言行，从而进行学习，这种实践会终身延续。我们家长必须考虑到一点，我们一周7天、一天24小时与孩子一起生活，分享空间，因此我们是他们获得信息的最大来源。详细列出自己的行为，这些行为是否健康有益？我们都是凡人，没有人完美无缺。然而，反思我们的行为，看看这些行为是否可以被接受，这一点非常重要。对于好的做法要勤加练习，如果你看到孩子重复你做过的事，重述你说过的话，你是否还能泰然自若？记住，我们对孩子时刻具有影响力。

锦囊妙计：亲朋好友也会通过他们的行为影响我们的孩子。我们的孩子有大量时间与其他孩子待在一起，极可能也和大家庭的亲人聚在一起。如果某个人的行为让你感到不舒服，或者

第17章 提醒孩子他们不可能拥有一切

他让孩子做出你不认可的行为，你要告知他你对孩子的期望值。孩子的朋友们也会影响他们的行为。如果某个朋友中伤他人，而孩子认为这很有趣，他就有可能尝试这种行为。你要做的就是严肃地及时制止这种行为。如果你怀疑孩子可能涉及某种危险行为，应该要求他们停下来，让他们想一想自己的选择造成的影响，衡量行为后果的利弊。然后鼓励他们做出对自己最有利的选择，而不是对他们的朋友或者同伴有利的选择。

锦囊妙计： 示范得体行为的益处在于，你可以让孩子学会一些有用的技能，例如缝纫、建造模型、钓鱼或者编织。花些时间，让孩子在清单上写下他们想要学习的所有技能。这些可以传授的技能多不胜数，如果你没办法传授，可以寻求帮助。

锦囊妙计： 家长可能会说，自己总是在观察情况，不过多数孩子也总是在聆听！小心自己的言行，因为如果自己的行为诱导孩子做出让人始料不及的行为，我们要承担责任。我们说脏话、吸烟或者大力摔门的行为，他们也会看在眼中。如果孩子亲眼看到你有过不当行为，那么你要回溯当时的情景，承认问题，把它归入不予许可的行为，必要时进行道歉。和孩子谈一谈某种不尽如人意的行为，要让孩子明白虽然你并不完美，但犯了错误时你会承认过失。这就是要进行示范的正确行为。

独生子女家庭常见的难题就是如何向孩子传授社交技能，从而让他们顺利融入同龄人，和同龄人和睦相处。家长必须发挥创造性，为独生子女创造交流机会，使他们学习如何顺利与他人交流。

锦囊妙计：谈及独生子女教育，一个重要的问题就是，任何事情都不能过早强制推行。在没有经过多次练习的情况下，这些孩子常常被迫在游戏或聚会时进行分享。正确的做法是，用填充动物玩具或者虚构的朋友进行角色扮演，演出孩子或许会遇到的场景。如果给予孩子机会按照自己的意愿行事，做好充分准备，就会增加他在不远的将来进行分享或交流的可能性。

锦囊妙计：贯彻规则非常重要，这能避免培养出的孩子自私自利、行为无礼。但有时涉及教育子女的问题，家长会全然忘记还有"不"或者"必须"这样的说法。

锦囊妙计：有一种方法可以确保你的独生子女进行分享，那就是让其他孩子出现在他身旁。优先考虑请孩子的朋友参加简单的聚会、自驾游或者其他活动。当其他人在场时，巧妙地施教，引导孩子进行分享，顾及他人感受，认真倾听。

锦囊妙计：鼓励独生子女参与学校活动，或者参加当地团队的运动项目。孩子很快就会领悟到，他的表现不仅仅是为了得到个人最终成绩，还是为了让团队取得成果。在打曲棍球时，孩子会学会传球以及射门过程中的分工合作，这是非常重要的技能。"阿吉，你无法只靠自己打赢曲棍球赛，你所在的球队取得了胜利。祝贺你！"

锦囊妙计：为了避免培养出自私自利、行为失当的独生子女，要创造机会让他与旁人建立联系。举办一次社交活动，带

第 17 章 提醒孩子他们不可能拥有一切

上他的朋友踏上旅途,让他参加社团,教他尽可能多地练习各种技能。总有一天,你家的独生子女与其他孩子在一起时,他会自如分享,顺利交流,当你看到他的出色表现时,适时赞赏他,庆贺他的成功。你的孩子会成长为懂得分享、自信满满的人。

第18章

只需说到做到，他们最终会付诸行动

最后，孩子确实学会了听取我们的意见，而我们也学会了倾听。

多数人在尝试与孩子沟通时，大部分时间会出现这种情况：家长滔滔不绝，问题不断，而孩子有所取舍地回应，并自己决定何时进行回应。这就是所谓的选择性聆听。

然而，直到孩子上中学，选择性聆听的状况才真正全面开启，一旦孩子开始尝试独立，例如开始上学，这一现象便会确定无疑地显现出来。他们刚意识到自己的年龄足以独自外出，便以为自己做好了准备，可以走向世界。几乎是出于本能，他们开始认为再也不必听从我们的肺腑之言了。当我们尝试教他们立足世间必须知晓的一切时，他们会出于本能地排斥和反抗。

听不到回应！听不到回应！

一旦孩子认为自己可以假装不理睬我们，他们便占了些许上风，至少他们是这样认为。在任何特定时间，孩子可以宣称他们从未听到我们说话。这样做真是令人恼火。随着孩子渐渐长大，这种选择性聆听的状况会成为我们必须处理的事情，至

第18章 只需说到做到，他们最终会付诸行动

少很长一段时间是这样。

我曾发现一件让人抓狂的事情。某次，我和戴夫说我特别想吃冰激凌时，我的女儿们正待在对面的房间，房门紧闭，但她们可以听到我们讲话。可是我在对面的客厅对她们喊话，请她们把自己的背包从厨房地板上拿走时，却听不到任何回应。

请记住，孩子不理睬家长，这是正常现象。实际上我只要求我的孩子回答是或不是，她们却对我不理不睬。然而我看到她们回应了其他家长，或者自己的老师。虽然这种交流破裂的情况慢慢才出现，但它确实存在，并且引起了摩擦。

在我看来，查尔斯·舒尔茨在《花生漫画》[1]中的描绘恰如其分，所有成年人的谈话都是混乱不清的"哇哇"声，因为这正是孩子眼中通常家长与孩子交流的样子。从他们的视角出发，我们使用了过多的词汇来表明意图。

有时我们会感到无人理睬，而你可能仅仅是因为孩子才出现这种感觉，因为他们之前在所有事情上对你非常依赖。当你的声音听起来就像传真机在偶然接通某人的传真线路时发出的刺耳声音，这样的时刻不可避免会到来。随着孩子年龄增长，他们变得越来越成熟，我们和孩子的沟通代沟会弥合如初。最

---

[1] 查尔斯·舒尔茨（Charles Shulz），美国漫画家。他创作了《花生漫画》（*Peanuts*）系列，曾两度获得漫画艺术最高殊荣"鲁宾奖"。从20世纪50年代起连载的漫画作品《花生漫画》中，主人公查理·布朗（Charlie Brown）养的一只黑白花的米格鲁犬叫史努比（*Snoopy*），相关漫画故事在中国已被整理成《史努比的故事》，由多家出版社出版发行。——译者注

终他们会清醒过来，意识到听我们的话对他们大有裨益。他们要过一段时间才能接受这一点。而在此之前的一段时间，他们只听到了大量的白噪声。

> 从沟通到宵禁，养育子女就是挑战。我们全力以赴时，务必照顾好自己。

如何引起孩子的重视

我们还要考虑到，当我们试着引起孩子的关注时，我们的话对他们有何影响。我们是否在对他们唠叨？我们是否非常生气？我们是否因为他们的忽视而胁迫他们？我们如何引起他们的关注并保持下去，这件事完全取决于我们自己。做了近20年家长，我可以毫不迟疑地说，大多数时间我们都是在训斥孩子。

你是否曾经退后一步，认真反思你与孩子的谈话方式？如果我们都能隔段时间便进行一番反思，就能看得清清楚楚，我们并非总是依照自认为的方式行事。在我们的头脑中，我们是在和风细雨地教化孩子，但对他们而言，我们完全就是在唠唠叨叨、大喊大叫。这就是问题的症结所在。幸运的是，我们可以做些事情来缓解双方的矛盾。

我们必须牢记，孩子容易沉浸在各种各样的事情之中。因此，即使我们想要他们马上回复，他们也不一定次次都能做到，因为他们大脑负责这一内容的部分尚未发展到这一步。也许你尚未注意到，孩子并不总是出色的转型者。我们看到四年级的学生无视休息结束时的铃声，他们只是还没在篮球场上尽兴。有时10多岁的女儿必须放下电话，专心致志地完成家庭作业，不过完成这种转换对她来说并不容易。

有一些简单的方式能帮助孩子坚持完成任务，例如，在孩子停止活动前，给他几次初期忠告，避免他过快放弃。你还可以在休息时停止某种活动，重新引导他做其他事情，这样改变就不会发生得过于突兀。

多数孩子会对除天气之外的新闻有反应。我的孩子在上语法学校时也是这样，今天还是如此。因此，在与孩子沟通时尽量使用简单直接，具有明确的针对性的话语。直接点明沟通的主题，或者告诉他们必须遵从的指令。然后给他们机会采取行动。再次强调，我们至少要给他们两次转变的机会。如果他们没有立刻采取行动，也一定不要气馁。因为这样做毫无益处。

还有一点，希望与现实之间差别极大。为此，**我们要能识别，自己要求他们完成的事究竟是他们必须做的还是我们希望他们做的，有些时候这一点非常重要。** 或许你必须置身事外，想一想，当孩子正在搭建那台超酷的乐高机器时，你要求他做的事情是否可以再等等。换句话说，如果你能再给他一些自由时间，就不要打断孩子的创造性思维，或者闯入他们的空间。

我们要求孩子完成的诸多事宜，例如完成家庭作业，完成家务活以及做出承诺，在我们希望他们完成这些事时，没必要总是打断他们。如果孩子忙于诸如研究课题之类的事务，忘记把洗好的衣物叠整齐，我们可以对自己的期望值稍作调整，因为他们正在全身心地做更重要的事情。简单的解决办法就是，让孩子在完成正在进行的工作后，在合适的时机再做家务，实现双赢。

还有一件事需要牢记，孩子回绝我们，多半由于他们需要关注。这就意味着，有些时候他们没有回应我们，是因为他们在尝试引起我们的关注。因为他们年纪尚小，不够成熟，常常无法区分消极关注与积极关注之间的差异。对他们而言，关注就是关注。比如，6岁的露西没有做好准备离开公园，所以我们喊她上车时，她装作不理睬我们。她能听到我们说话，也完全知道我们的要求，但她回绝了我们，以此进行抗议。

就与孩子沟通一事，至关重要的一点就是心平气和。焦虑不安的家长与肆无忌惮的孩子无法融洽相处。我的女儿一看到我被激怒，就立刻知道我有了弱点，她们会越发对我不理不睬。秘密武器就是心平气和，即使这时你得不到回应，也要保持冷静，仿佛事情未曾发生。因为如果我们尝试让孩子配合时，我们处于平和状态，他们就会更倾向于听取意见。

你还可以尝试的另一种技巧就是和孩子玩"听话游戏"。对于5至8岁的孩子来说，这一招非常奏效。如果我们按照以下方式发出指令，让孩子觉得回应的方式很有趣，那么他们会更容易执行指令。给他们一定的奖励，可能是晚睡5分钟，多看10分钟动画片，他们就会更加迫切地采取行动，从而养成按照指令行事的习惯。用物质刺激鼓励孩子行为得体的方法绝对没错。事实上，这样做的效果往往出乎意料。在他们达成我们的要求时，偶尔给予奖励，这会帮助他们掌握新技能。这是经过验证的方法，可以帮助孩子完成指令，并让我们保持理智。

记住，**与孩子进行良好沟通是一个过程，一个漫长甚至坎坷的过程。**我们必须有耐心，坚持到底。我们必须日复一日地与孩子合作，建立起良好的沟通模式。即使这件事并不轻松，我们也可以做到，而且会做得很好。

如果耐心、包容以及榜样示范的方法不能奏效，我们还可以运用其他技巧，如让他们尝尝不被人理睬的滋味，关键在于之后要跟进谈话，让他们知道你不理睬他们的原因。这就是让孩子进行学习的时机。如果他们有所领悟，这些方法就产生了效果。

> 孩子对待父母的方式就是对待他人的方式。有时从实践中学习是理解某事的最佳方式。实践的确是最好的老师。

帮助十几岁的孩子学会聆听

孩子年纪尚小时认为自己无所不知，他们确信自己知道怎样解决各种状况，化解危机，所以他们开始与他人交往后，逐渐不再听我们的话。这种对我们的教导置若罔闻的现象有时就转变为另一种情况，即他们长时间独自待在自己的房间，表现得固执己见或疏远冷漠。不过这种行为很正常，因为孩子要弄清楚自己是谁，如何与我们交往。他们长大了，开始有自己独立的思想了。

我的两个女儿上中学时开始锁上自己卧室的门，我们规定何时允许锁闭房门，不断重复这一要求，但她们不再听我们的话。相反，她们开始频繁锁门，把所有人关在门外。直到后来，不管我们何时敲门想进入房间，她们都会等上片刻再从床上起身开门，而我们感觉在门外等了10分钟之久。对于这种情况，我们采取了相应措施。我为了让她们感受在锁闭的房门外等待的滋味，把我们的房门也锁上，清晨、中午、晚上，不管她们何时想要闯进来，我们的房门一直锁闭。每当这时，我们都会心平气和地说："换衣服呢。"随后我们打开房门。历时不久，孩子明白了我们的深意。渐渐地，她们打开了房门，大部分时间不再锁门。有些时候我们一言不发就可以进行交流，这是不是很有趣呢？

如果我们付出耐心，在与孩子交流的方式上严格自律，我们最终都能学会如何交流，如何倾听。

我们必须记住的一点是，孩子可以有效处理的事情，我们中的任何人都可以处理好。我能给正在学习如何与孩子交谈的家长的最好建议是，适时闭嘴，认真倾听。但并非所有时间都如此，不过有些时候一定要这样做。因为我们越早领悟到何时闭嘴，何时开口，我们与孩子接触时就会越有效。

当这些建议不能奏效时，只需转身离开。不管你面对的是何种冲突，不要为了解决这个问题，站在那里对十几岁的孩子反复灌输道理。**有时事情悬而未决的状态要持续一段时间，直**

到每个人都后退一步，进行反思，最重要的是大家都要冷静下来。因为，此刻青春期荷尔蒙激素会粉墨登场，所以冷静、反思越来越重要。

我一直不能容忍事情被无限期拖延，与孩子相处自然也不例外。我有自己的观点，我倾向于刨根问底，直到获得解决方案。我采用不同的方式，反反复复地说着同样的内容，花费大量时间，希望把事情解决。这时存在的问题是，没过多久，我的孩子便对我不理不睬。这种谈话都成了白噪声，她们不可能接受，也不再对谈话内容感兴趣，最终什么结果都无法达成。

多数情况下，让每个人回到自己的位置重新开始，这是最为有效的解决方式，即使这种做法听起来有些矛盾，但当我们尝试与孩子建立一种健康的对话方式时，它往往是最佳选择。为什么呢？简单来说它能使我们避免说出让自己后悔的话，情绪失控，大动肝火。换句话说，它可以让我们拯救自己。

> 养育子女的过程中，从未有过一种完美无缺的方案。

我们尝试与孩子交流时，必须保持镇定。记住，对孩子而言，尤其是对荷尔蒙分泌旺盛的青少年而言，表达自己的所思所想往往并非易事。很多时候，他们并不理解自己尚未感受过的陌生的情感、压力以及情绪。为此，对每个人来说，停下脚步，保持情绪稳定，或者在情绪冷静下来时再进行交谈，这才是最佳方式。然后，试着站在他们的立场，字斟句酌地提建议，因为最糟糕的情况是，做出或说出令自己后悔又无法收回的行为、话语。

学会在家中有效沟通交流，这件事不会一蹴而就。这需要付出努力，投入时间。如果大家不能团结合作，不遵守某些规则，比如认真聆听，尊重每个人的观点，坦承自己的情感，这种交流就不可能实现。因为从根本上说，我们都需要有人倾听、理解。我们越早与自己的孩子建立开放的沟通渠道，借此让他们明白我们在乎他们所言之事，我们腾出时间准备倾听，那么他们就有可能也关注我们所言之事。

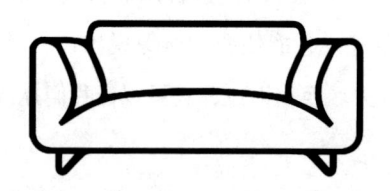

黛布拉·福克斯·詹森伯格心理诊疗室的建议

从沟通到宵禁，养育子女就是挑战。我们全力以赴时，务必照顾好自己。

不管我们在处理沟通问题，还是想办法帮助孩子解决数学问题，当我们处理教育子女的问题时，总有很多需要考虑的事情。和孩子合作需要投入耐心、精力以及时间。让自己做好取得成功的准备，要明白一点，解决了一件事，还会有其他事情出现。为了应对令人抓狂的养育难题，你务必照顾好自己。

锦囊妙计：爸爸妈妈们，照顾好自己，按时吃饭，好好睡觉，因为你劳心费神，需要大量能量。做好准备，随时行动。照顾自己非常重要，因为它会影响你们的表现。花些时间缓解压力，放松身心，锻炼身体，与朋友聚一聚。如果我们不滋养自己的身心，就容易沮丧发怒，我们所有的耐心、激情以及理解力很快就会消耗殆尽。

锦囊妙计：谈及养育子女之事，持久的耐力非常重要，这是一段漫长的旅程。找机会让自己抽身事外，自我调节。即使在我们处理日常工作时，也需要抽时间去度假；然而，教育子女这一项最为重要的任务甚至都不像日常工作那样给我们带来利益。所以，可以请保姆或者亲戚来帮忙照顾孩子，这样你可以短暂休息一下，为恢复精力腾出空间。从长远来看，这样做会对你和孩子大有裨益。

锦囊妙计：家长通过各个发展阶段观察自己孩子的人生之路，自然而然地，他们的发展过程会让我们想起自己的成长历程。既往的经历影响了我们教育子女的行为，不管这种经历是好是坏，是跌宕起伏还是平淡无奇。花些时间反思自己的成长历程，如果你的某些经历影响了你处理教育子女问题的方式，花些时间进行反思。请别人帮忙解决你的问题，这或许能帮你清除某些心理障碍，更好地发挥你对孩子的影响力。

锦囊妙计：爸爸妈妈们，对自己好一些。亲身示范如何照顾自己，也能让孩子领悟到这样做对身心健康的重要性，这不仅可以让你们成为更好的自己，也能教育子女。

孩子对待父母的方式就是对待他人的方式。有时从实践中学习是实际理解某事的最佳方式。实践的确是最好的老师。

锦囊妙计：边实践边学习，这种方法有助于我们接收信息，并将之付诸实践从而更好地发挥它的作用。如果孩子被要求进行分享，却并未真正懂得何为分享以及分享的感觉，我们可以要求他们进行尝试。让他们通过言语学习你传授的内容，创造机会让他们进行体验。

锦囊妙计：家长们，如果你想出了教育孩子的办法或者拟定了教育方案，就要付诸实践。如果你不尝试，就不会知道自己的计划是否有效。如果你只是提出了某个计划或观点，那么孩子就得不到转变的机会。你必须向他们传授学习内容或技能，然后观察他们的学习情况，看看他们是否理解掌握了。为孩子制定行为计划就是最好的教育，你产生想法，形成流程图，让孩子知道面对特定情境时应做出的相应的行为以及你的期望值，随后鼓励他们尝试。观察孩子的情况，必要时进行调整，然后对孩子的言行给予奖励，从而践行学到的技能。经过一段时间，他们就会掌握这一技能。

养育子女的过程中，从未有过一种完美无缺的方案。

第18章 只需说到做到，他们最终会付诸行动

作为家长，我们绝非完美无缺，这就意味着我们都会犯错。从中吸取教训，继续成长。如果我们在面对孩子的时候也能牢记这一观点，那么养育子女就能进展顺利。当你的孩子犯下错误时，你对此事的处理方式意义重大。

锦囊妙计：每个孩子的需求各有不同，即使孩子认为我们是超级英雄，我们也不可能做到尽善尽美。我们不可能满足他们的所有需求。让孩子明白这一事实非常重要。

锦囊妙计：培养孩子时，在家中进行沟通交流最有价值，作为家长必须示范自我表达的方法，这样我们的孩子才能明白这一做法的重要性。孩子会领悟到，自己可以发言，自己要表达的内容非常宝贵，其他人可以通过他们的发言了解他们生活中的所思所想。说出自己的想法，他们越早学会沟通交流，长大成人时取得成功的可能性就越大。

锦囊妙计：营造施教的机会，同孩子一起实践、成长。不要推定他们知道了做某事的方式，或者为什么要做某事。让他们明白我们的期望值，塑造他们的行为方式。当他们学习时，我们要有耐心，他们最终会熟能生巧。

锦囊妙计：每个孩子都与众不同，他们的需求也各有不同，培养他们的方式也因人而异。我们可以抽身事外，对此进行交流，给予孩子一定空间，对他们进行奖励或施行惩罚。要记住大家都是凡人。慢慢来，当你教育自家绝非完美的孩子时，对自己和孩子都不要太苛责。

后记

20年前，戴夫和我组建了家庭，对于如何做好家长这一问题，我们多少有些茫然。当时我们结婚不过4年，所以基本上还是初学者，即使我们身边有各自的父母以及家人对我们进行引导，但最终还要靠我们自己来解决所有问题，驾驭亲子关系。

当然，我们阅读了大量亲子书籍，这些书让我们对亲子关系有了浅显的认识。但是，关于成为家长后随之而来的相关事务，还需亲身经历进行体会。

回望多年前我女儿出生后的生活，我想说，我们最终找到了自己的节奏。我们习惯了从早到晚拉着一个小家伙，睡觉时往往要留神她的动静。我们安于把女儿最感兴趣的事情排在自己兴趣的前面。我们发现与每天清晨起床制作一个三明治相比，周日下午制作5个热狗三明治再冷冻5天要容易得多。我们还学会了在发生冲突时如何说出自己的想法，然后等冷静下来，她们通常会先来找我们道歉。

不过我们也领悟到，养育子女的许多问题具有主观性，没有固定形式，不管我们多么想让自己的孩子幸福，生活也不会按照我们的期望一直发展下去。我们领悟到，某种惩戒策略对于某个家庭奏效，并不意味着它普遍有效。我们明白，我们必须放手让孩子失败跌倒，心情低落，才能在站起来后再次寻得幸福，懂得感恩。

最终我们意识到，孩子要经过数不胜数的尝试与犯错来寻找自己的圈子以及行事方式，不过他们终会找到。我们领悟到，我们对于孩子的所有周密安排、希望以及梦想，通常和事情发展的结果不一样。为此，我们必须尽可能灵活机智，增强适应力，开放思想。

我们曾领悟到（现在仍在领悟）的最重要一点是，不管我们多么努力尝试，没有一个孩子、家长和家庭完美无缺。我们不会事事正确，孩子也不能如我们所愿总是规范行事，因为我们都是有待完善的作品。

我意识到我们要承担让家庭成员获得幸福这一共同使命。因此我决定撰写一本书，内容就是关于如何培养绝非完美的小孩。这就是本书写作的缘起。

感谢诸位阅读。感谢大家能接受这一理念，完美无缺是个神话，即使我们无时无刻不想证明其可能性，但我们就是无法实现。不过这也没关系，因为没有一个人拥有打造完美小孩的行动方案，我们都需要悦纳自己的孩子，鼓励、呵护、支持他们，包容他们的过失。最后，我们的心态至关重要，这和登山的心态如出一辙，不到最后，不要轻言放弃。

致谢

丽莎·苏格曼致辞：

所有帮助此书问世的人，我在此向你们致谢。首先，我必须感谢我的丈夫戴夫，感谢你始终不渝地激励我永远追寻心中的梦想。感谢你支持我永无止境的渴求，撰写栏目文章，完成本书，等等。感谢你在我经年累月埋首案头工作时，分担我的任务。你是我的宝藏男孩，如果没有你永不枯竭的爱，以及无尽无休的支持与鼓励，本书就无法完成。

感谢我的密友，我的女儿莱利和莉比，感谢你们出生以来一直包容、接受我非同常人的脾气，我爱你们。因为不管怎样，你们让我践行了培养子女的责任。感谢你们一直以来为我提供这些美妙的写作素材。你们成为我的孩子是对我最大的恩赐。我要说，你们两人成长为今天的样子让我无比骄傲。谨以此书献给你们，请与我分享这一喜悦。妈妈爱你们！

感谢我的妈妈桑迪，你是我真正的女王，自我5岁起，你阅读修改我作文中的一字一句。有生以来所有对我意义重大的事情都能得到你的赞扬，我对你的爱难以言表。你总是告诉我，我可以做到，所以我做到了。我真是幸运，人生中有你一直陪伴在我的身旁，共度点滴时光，经历重要事件，见证我做出重大决定。你树立榜样，引导我明白何为真正优秀的家长，如何度过最美好的人生。感谢你给我力量！

感谢我的公婆斯坦及伊芙琳，夫家的兄弟姐妹黛安娜及史蒂夫，我的继父罗尼还有亲朋好友，一直以来你们给予我关爱、信任，让我有信心完成任何事情。你们给予我关爱、支持，以我为傲，给予我一切。能拥有这些都是我的福气。

感谢我的朋友们，你们给了我信心，让我相信我的论点值得言说。

感谢我舒比公司的朋友、同事，感谢你们让我拥有工作岗位，让我在写字台后获得力量，在我热爱的事业上度过无数个日夜。我感激大家对我的鼓励、关爱以及支持。

感谢我的编辑米歇尔·罗宾斯及布鲁克·约旦，你们的坚持让本书更加完满。感谢你们帮助我完善本书以达到最佳形式。感谢德里克·乔治，感谢凯特·法雷尔，感谢所有出版公司的幕后工作者，你们提供思路，出手相助，如果没有你们，我的作品不会问世。我对你们的感谢溢于言表。

感谢黛布拉·福克斯·詹森伯格，自四年级起你一直都是我美丽聪慧的朋友。感谢你在关键时刻挺身而出，和我一起参与本书的出版，因为你的加入，该书比我想象中更为充实。

最后，感谢出版商——家庭出版公司的克里斯托弗及米歇尔·罗宾斯夫妇。感谢你们信任我，信任我们共同的愿景。如果没有你们,所有这些文字仍是一些堆积在我头脑中杂乱无章的想法。

在此要说的还有千言万语。

黛布拉·福克斯·詹森伯格致辞:

如果没有这么多人的帮助支持,我生命及职业中的这一篇章就不可能实现。不管是鼓励的言语、给予我的帮助支持,还是对于我忙碌生活的体谅,这一切令我心存感激,铭记于心。我真的非常幸运。谢谢你们!

沃利,感谢你鼓励你深爱之人追寻自己的梦想。你兼爱、无私、甘于奉献,随时准备履行你对家庭的责任,所以我可以成为拥有自己事业的妻子和母亲,从事自己热爱之事。如果没有你无尽的关爱支持,我就不可能成为今日之我,为此我永远心怀感激。我爱你!

雅各布、本杰明还有亚当,我是冈茨帮最幸运的一员,因为不管我身在何地,我都有3个带给我惊喜的啦啦队员。你们传授给我的经验超乎你们的想象。你们的经验继续引领着我。看到你们为我在生活中的成就激动不已,引以为傲,这激励我每天继续前行。

感谢我的父母,感谢你们给予我的这份礼物,你们的爱以及无私的支持,让我寻得自己的人生之路。你们为我提供资源及所需教育,让我成为今日的职业女性,为此我心怀感激。感谢你们信任我,教会我相信自己。你们赋予我在生活各个领域取得成功的能力。感谢你们帮助我为未来奠定基础。如果没有你们，我不可能踏上这段旅程。感谢你们出现在我的生命中。我爱你们！

感谢我的兄弟姐妹、同事还有这个集体，你们让我的生活有目标、有意义。感谢你们的和睦友善，言语鼓励以及无尽支持。如果你们未曾以某种方式涉足我的生活，我很难找到自己的道路。感谢你们让我的世界更精彩美丽。

米歇尔及克里斯托弗·罗宾斯夫妇，以及家庭出版公司的家人们，感谢你们迎接我步入未知领域，给予我支持及鼓励。这是我的荣幸，我感谢家庭出版公司的家人给予我这个机会，把自己的人生经验以及专业知识，分享给寻求指导以及资源的人。

丽莎·苏格曼，你一定构想过，我们的生活会引领我们走到这样不可思议的阶段。你令人过目难忘，学识渊博，有永不枯竭的精力和热情。你有美满幸福的家庭，取得了激动人心的成就，成为你生活圈中的一员，我倍感荣幸。感谢你对我本人以及个人能力的信任。期待我们的未来更上一层楼，因为我的生活中有了你，一切皆有可能。再次感谢你的帮助！

出品人：许　永
出版统筹：林园林
责任编辑：许宗华
特邀编辑：江璐欣
封面设计：海　云
内文制作：百　朗
印制总监：蒋　波
发行总监：田峰峥

投稿信箱：cmsdbj@163.com
发　　行：北京创美汇品图书有限公司
发行热线：010-59799930